KB209749

조선 후기
호조 판서의
고민과 일상

조선 후기
호조 판서의
고민과 일상

초판 1쇄 인쇄 2024년 11월 18일
초판 1쇄 발행 2024년 12월 2일

—

기 획 한국국학진흥원
지은이 박 범
펴낸이 이방원

책임편집 박은창   **책임디자인** 양혜진
마케팅 최성수 · 김 준   **경영지원** 이병은

—

펴낸곳 세창출판사
신고번호 제1990-000013호 주소 03736 서울특별시 서대문구 경기대로 58 경기빌딩 602호
전화 02-723-8660 팩스 02-720-4579 이메일 edit@sechangpub.co.kr 홈페이지 http://www.sechangpub.co.kr
블로그 blog.naver.com/scpc1992 페이스북 fb.me/Sechangofficial 인스타그램 @sechang_official

—

ISBN 979-11-6684-372-3 94910
979-11-6684-164-4 (세트)

한국국학진흥원 전통생활사총서 29

조선 후기
호조 판서의
고민과 일상

박 범 지음
한국국학진흥원 기획

세창출판사

한국국학진흥원에서는 2022년부터 문화체육관광부의 지원으로 전통생활사총서 사업을 기획하였다. 매년 생활사 전문 연구진 20명을 섭외하여 총서를 간행하기로 했다. 지난해에 20종의 총서를 처음으로 선보였다. 전통시대의 생활문화를 대중에 널리 알리기 위한 여정은 계속되어 올해도 20권의 총서를 발간하였다.

한국국학진흥원은 국내에서 가장 많은 약 65만 점에 이르는 민간기록물을 소장하고 있는 기관이다. 대표적인 민간기록물로 일기와 고문서가 있다. 일기는 당시 사람들의 일상을 세밀하게 이해할 수 있는 생활사의 핵심 자료이고, 고문서는 당시 사람들의 경제 활동이나 공동체 운영 등 사회경제상을 이해할 수 있는 자료이다.

한국의 역사는 '조선왕조실록'이나 '승정원일기'와 같이 세계적으로 자랑할 만한 국가기록물의 존재로 인해 중앙을 중심으로 이해되어 왔다. 반면 민간의 일상생활에 대한 이해나 연구는 관심을 덜 받았다. 다행히 한국국학진흥원은 일찍부터 민간에 소장되어 소실 위기에 처한 자료들을 수집하고 보존처리를 통해 관리해 왔다. 또한 이들 자료를 번역하고 연구하여 대중에 공개했다. 이러한 민간기록물을 활용하고 일반에 기여할 수 있는 방법으로 '전통시대 생활상'을 대중서로 집필하여 생생하게 재현하여 전달하고자 했다. 일반인이 쉽게 읽을 수 있는 교양학술총서를 간행한 이유이다.

총서 간행을 위해 일찍부터 생활사의 세부 주제를 발굴하는 전문가 자문회의를 개최하고, 전통시대 한국의 생활문화를 가장 잘 구현할 수 있는 핵심 키워드를 선정하였다. 전통생활사 분류는 인간의 생활을 규정하는 기본 분류인 정치, 경제, 사회, 문화로 지정하였다. 이를 기반으로 매년 각 분야에서 핵심적인 키워드를 선정하여 집필 주제를 정했다. 이번 총서의 키워드는 정치는 '과거 준비와 풍광', 경제는 '국가경제와 민생', 사회는 '소외된 사람들의 삶', 문화는 '교육과 전승'이다.

각 분야마다 5명의 집필진을 해당 어젠다의 전공자로 구성하였다. 어디서나 간단히 들고 다니며 쉽게 읽을 수 있도록 최대한 이야기체 형식으로 서술해 달라고 부탁하였다. 다양한 사례의 풍부한 제시와 전문연구자의 시각이 담겨 있어 전문성도 담보할 수 있는 것이 본 총서의 매력이다.

전문적인 서술로 대중을 만족시키기는 매우 어렵다. 원고

의뢰 이후 5월과 8월에는 각 분야의 전공자를 토론자로 초청하여 2차례의 포럼을 진행하였다. 11월에는 완성된 초고를 바탕으로 1박 2일에 걸친 대규모 학술대회를 개최하였다. 포럼과 학술대회를 바탕으로 원고의 방향과 내용을 점검하는 시간을 가졌다. 원고 수합 이후에는 각 책마다 전문가 3인의 심사의견을 받았다. 2024년에는 출판사를 선정하여 수차례의 교정과 교열을 진행했다. 책이 나오기까지 꼬박 2년의 기간이었다. 짧다면 짧은 기간이다. 그러나 2년의 응축된 시간 동안 꾸준히 검토 과정을 거쳤고, 토론과 교정을 통해 원고의 완성도를 높이기 위해 분주히 노력했다.

전통생활사총서는 국내에서 간행하는 생활사총서로는 가장 방대한 규모이다. 국내에서 전통생활사를 연구하는 학자 대부분을 포함하였다. 2023년도 한 해의 관계자만 연인원 132명에 달하는 명실공히 국내 최대 규모의 생활사 프로젝트이다.

1990년대 이후 폭발적으로 증가했던 일상생활사와 미시사 연구에 대한 학계의 관심이 근래에는 소홀해진 상황이다. 본 총서의 발간이 생활사 연구에 활력을 불어넣는 계기가 되기를 기대한다. 연구의 활성화는 연구자의 양적 증가로 이어지고, 연구의 질적 향상 또한 이끌 것이다. 그렇게 된다면 전통문화에 대한 대중들의 관심 역시 증가할 것으로 기대한다.

본 총서는 한국국학진흥원의 연구 역량을 집적하고 이를 대중에게 소개하기 위해 기획된 대표적인 사업의 하나이다. 참여한 연구자의 대다수가 전통시대 전공자이며 앞으로 수년간 지속적인 간행을 준비하고 있다. 올해에도 20명의 새로운 집필자가 각 어젠다를 중심으로 집필에 들어갔고, 내년에 또 20권의 책이 간행될 예정이다. 앞으로 계획된 총서만 100권에 달하며, 여건이 허락되는 한 지속할 예정이다.

대규모 생활사총서 사업을 지원해 준 문화체육관광부에 감사하며, 본 기획이 가능하게 된 것은 한국국학진흥원에 자료를 기탁해 준 분들 덕분이다. 다시 감사드린다. 아울러 총서 간행에 참여한 집필자, 토론자, 자문위원 등 연구자분들께도 감사 인사를 전한다. 책의 편집을 책임진 세창출판사에도 감사드린다. 이 모든 과정은 한국국학진흥원 여러 구성원의 노력이 있었기에 가능했다.

2024년 11월
한국국학진흥원 인문융합본부

차례

조선 후기 경제사 서술에서 가장 큰 비중을 차지하는 내용
은 부세 수취였다. 그동안의 경제사 연구는 대체로 전세田稅를
비롯하여 대동세大同稅, 군역세軍役稅, 기타 잡세雜稅 등과 같이 정
부가 백성들로부터 얼마나 많은 세금을 거두어들이고, 그 과정
에서 어떠한 문제가 발생했는가를 추적해 왔다. 그러므로 정부
의 부세 수취 활동은 대대로 좋은 이미지를 갖기는 어려웠다.
개설적으로 보면 부세 수취 과정에서 나타났던 여러 문제점이
결국 19세기 삼정문란으로 이어졌고, 그 결과 농민 항쟁으로
까지 귀결되었다는 식의 해석이 자연스러운 설득력을 가지게
된다.

그러나 최근 정조 연간 부세 총량을 기록한『부역실총』이 데
이터화 됨에 따라『부역실총』에서 확인 가능한 부세의 물류 이
동이 확인되었고, 정부의 재정 활동이 매우 다양했다는 것을 알
게 되었다. 즉, 부세 물품은 지방에서 중앙으로만 이전되는 것
이 아니라, 지방과 지방 사이에서도 다양한 형태로 이전되었다.
그러한 과정에서 정부의 재정 활동이 단지 수취에만 머물러 있

던 것은 아니라는 사실을 확인하였다.

정부는 항상 재원의 흐름과 물목의 수량을 파악하고 있어야
했다. 흉년과 같은 대기근이나 국장과 같은 국가의 중요 제례,
청나라 사신의 왕래와 같은 국가 단위의 대규모 행사가 있을 때
에는 반드시 재원의 수량을 파악할 필요가 있었다. 불시의 지출
에 대비해야 했던 것이다. 이러한 모든 활동을 지금은 '재정'이
라고 부른다. 부세 수취의 개념을 넘어서 이미 '확보된 부세 재
원을 어떻게 지출하고 분배하는가'는 매우 중요한 경제사의 연
구 과제가 되었다. 이를테면 '국가재분배'의 관점에서 국가 혹
은 중앙정부의 역할은 무엇이었는지를 확인하는 작업이 필요
한 셈이다. 그 과정에서 가장 중요한 역할을 담당한 관원은 바
로 '호조 판서'였다.

근대 이후의 재정은 정부의 경제 활동으로 개념화하지만,
전근대 사회에는 오늘날과 동일한 형태의 '재정'이라는 개념은
존재하지 않았다. 다만, 물류의 이동을 파악하기 위한 '재정 활
동'은 존재하고 있었다. 대동법과 균역법의 시행으로 이제 국가
재정운영의 규모를 일정하게 파악할 수 있게 되었고, 영조 대
이후 윤대輪對를 시행하면서 5-6품의 각 관청 실무관을 모아 놓
고 국왕은 해당 관청의 재고 파악을 실시하였다. 정조 대에 이
르러서는 전체 국가 재정의 규모를 감안하면서 1년 단위로 전

체 재고를 수치화하여 통계적으로 파악하기 시작했다.

조선 후기 이래 국왕은 불시의 지출이 필요해지면 늘 호조 판서를 소환하였다. 호조 판서는 기본적으로 국가 재무를 파악하는 위치에 있었다. 경세제민經世濟民의 관점에서 제민濟民을 위한 기본적인 역량은 국가가 물력을 얼마나 동원할 수 있는가에 있었다. 호조 판서는 국가의 재무 구조를 이해하면서 재정 규모를 알고 있어야 했다. 국왕이 불시에 재정 여력을 물어보면 호조 판서는 이에 응답을 해야 했다.

대동법大同法의 시행으로 선혜청宣惠廳이 만들어지고, 균역법均役法이 제정되면서 균역청均役廳이 신설되었을 때에도 호조가 하는 업무가 크게 달라지지는 않았다. 선혜청과 균역청의 재정 규모가 호조보다 더 컸으나, 호조의 업무와 역할을 넘어선 것은 아니었다. 선혜청 제조宣惠廳提調와 균역청 제조均役廳提調를 호조 판서가 당연직으로 겸직하고 있었기 때문에 호조 판서는 선혜청과 균역청 업무에 일정하게 개입하고 있었고, 두 관청 사이의 업무를 조율하는 지위에 있었다. 거시적으로 보면 호조 판서의 업무는 사실상 더 늘어난 셈이다.

이 글은 대동법과 균역법 시행으로 역할이 커진 호조 판서의 일상과 고민에 대하여 살펴본 것이다. 호조에는 판서를 비롯하여 참판參判, 참의參議가 당상관堂上官으로, 정랑正郎과 좌랑佐

郎이 당하관으로 근무하고 있었다. 그러나 『조선왕조실록』, 『승정원일기』, 『일성록』과 같은 연대기 자료를 보면 호조의 업무를 주관하고 재정의 흐름을 파악하면서 이를 국왕에게 보고하고 협의하는 일은 대부분 호조 판서가 담당했다. 자료에서 호조 참판과 호조 참의가 등장하기도 하지만 재정 운영에서 주도적으로 발언하는 일은 거의 없다. 호조 참판과 호조 참의는 직책의 어의語義 그대로 논의에 참여하고 보조하는 역할이었다.

호조와 호조의 재정 운영에 대한 연구는 상대적으로 많으나 호조 판서에 대한 연구는 거의 없다. 국가 운영에서 경세론적 관점을 가진 다양한 학자와 관료들이 존재하였으나 대개는 특정 법령이나 제도에 국한된 경세론으로 많은 연구가 진행되었다. 그러나 실상 특정한 시기의 재정 운영 양상을 살펴보기 위해서는 호조 판서의 직무를 살펴볼 필요가 있다. 특정 호조 판서의 경우 오랜 기간 그 직책을 담당하여 국가 재정 운영의 전반을 관리하는 모습들이 자주 확인되기 때문이다.

글은 다음과 같은 방식으로 구성되어 있다. 1장에서는 우선 호조의 조직과 구성에 대하여 설명하고자 한다. 호조 판서의 재정 운영 방식을 이해하기 위해서는 호조의 역할을 볼 필요가 있다. 호조의 담당 업무는 생각보다 복잡하다. 우선 속사屬司로서 판적사, 경비사, 회계사가 있었으며 판적사와 경비사에는 분방

分房이라고 하여 각각 담당 업무가 있었다. 이들 업무는 정기 업무가 있는 반면, 비정기 업무도 다수 존재했다.

　이후 호조의 관원에 대해 살펴보고자 한다. 호조의 관원은 법전에 규정된 관원 이외에도 다양한 형태의 서리가 있었다. 호조의 경우 관청지官廳志라고 할 수 있는 『탁지지度支志』가 존재하고 있으므로 호조와 관련된 여러 직책과 인물들을 조망해 볼 수 있다. 특히 정식 관원에 해당하는 당상관과 당하관에 어떠한 인

그림1 『탁지지』, 서울대학교 규장각한국학연구원 소장

물이 임명되는지도 알 수 있을 것이다.

2장에서는 조선 후기 왕대별로 호조 판서를 역임한 인물들의 역할과 호조 판서가 담당했던 직임이 무엇이었는지 살펴보고자 한다. 일반적으로 호조 판서의 재임 기간은 그리 길지 않았다. 그러므로 어느 특정한 인물을 중심으로 호조 판서를 언급하기에는 무리가 있다. 그러므로 상대적으로 기록이 풍부하게 남아 있는 왕대를 중심으로 호조 판서를 살펴보고자 한다. 예를 들어 영조 대의 호조 판서로는 권이진과 박문수, 정조 대의 호조 판서로는 서유린과 정민시 같은 인물을 들 수 있을 것이다.

3장에서는 조선 후기의 특정 사안에 대하여 호조가 했던 역할에 주목해 보고자 한다. 호조 판서가 능력을 발휘하는 시점은 비정기 업무로서 재정 수요가 발생할 때이다. 비정규 재정 지출은 대개 예상치 못한 갑작스러운 상황에 의한 것이므로 호조가 비축해 놓은 재원 안에서 지출하거나 호조가 아닌 다른 관청을 통해 재원을 마련해야 했는데 이것이 호조 판서의 일이었다. 그 급작스러운 상황이란 자연재해, 청나라 사신 접대, 국장 등을 들 수 있다. 이를 통해 호조 판서의 고민과 일상이 어떠한가를 어렴풋하게나마 느껴 볼 수 있을 것이다.

1
___

호조의 기본 구조

호조戶曹

호조戶曹는 1389년(공양왕 1) 고려 정부의 호부戶部와 민부民部를 계승하면서 설치되었다. 조선 건국 직후 문무백관의 관제를 반포할 때 고려 말의 제도를 계승하여 육조六曹의 하나로 설치되었다. 기본적으로 호조는 삼사三司와 더불어 재정을 담당하는 관청이었다. 두 관청 가운데 특별히 호조는 고려시대 전곡錢穀의 출납과 전세田稅 및 공부貢賦의 징수를 담당하는 관청으로, 당시 삼사보다 위상과 지위가 낮았다. 그러나 태종 연간 관제 개혁으로 삼사는 사평부로 개칭되었고, 1405년(태종 5) 이마저도 혁파되면서 호조는 재정 운영을 담당하는 최고의 관청으로 자리매김하였다.

호조는 지관地官, 지부地部, 탁지度支 등으로 불리기도 하였다. 『탁지지』에 따르면 탁지라는 말은 조조의 위나라 때 처음 생긴 말로 "지출支出하는 경비를 헤아려서度 사용한다"라는 뜻이라고 한다. 지관과 지부는 천지춘하추동天地春夏秋冬의 순서에서 온 것으로 이호예병형공吏戶禮兵刑工의 순서에 맞추어 지地가 호조를 뜻하게 되었다. 현재 남아 있는 춘관지春官志나 추관지秋官志가 각각 예조 관청지와 형조 관청지를 의미하는 것과 동일하다.

호조에 대한 기본 개념은 정도전의 『조선경국전』에서 정리되었다. 정조 연간 편찬된 호조의 업무 지침서인 『탁지지』에서도 호조의 관제官制 설명을 『조선경국전』에서 찾고 있다. 정도전은 호조의 업무를 부전賦典이라는 항목에 담았다. 부賦는 무엇인가. 정도전은 여기에 대해 "군국의 수요를 총칭하는 말"이면서 "백성으로부터 수취하는 것"이라고 정의했다. 그러므로 호조는 부와 관련된 모든 업무를 담당해야 했다. 주군州郡·판적版籍은 부의 소출이고, 경리經理는 부의 통제이며, 농상農桑은 부의 근본이자 부의 헌납이며, 조운漕運은 부의 수송이고, 염鹽·철鐵·산장山場·수량水梁·공장세工匠稅·상세商稅·선세船稅는 부의 보조이며, 상공上供·국용國用·녹봉祿俸·군자軍資·의창義倉·혜민전약국惠民典藥局는 부의 소용이고, 견면蠲免은 부의 완화라고 인식했다. 그래서 "토지가 있고 인민이 있는 뒤에 부를 얻을 수 있고, 덕이 있은 뒤에야 그 부를 보전할 수 있다"고 주장했다. 정도전은『대학』을 인용하면서 "덕으로써 부전의 근본을 삼는다"고 한 것이다. 조선시대 인식된 호조의 역할인 셈이다.

호조의 업무

1392년(태조 1) 7월, 문무백관의 관제를 정할 때 호조의 담당 업무는 "토지·호구·재용財用"이었다. 그러나 아직 건국 초기였으므로 호조의 업무를 세분하여 살펴볼 수는 없었다. 육조의 직무 분담이 구체화된 것은 1405년(태종 5) 3월이었다. 이때 예조에서는 육조의 직무분담과 소속을 상정하여 보고하였다.

호조는 "호구·전토田土·전곡·식화食貨 등의 정사政事와 공부차등貢賦差等의 일"을 담당하도록 하였다. 그리고 호조의 소속 관청으로는 세 부서를 두었다. 첫째는 판적사, 둘째는 회계사會計司, 셋째는 급전사給田司였다. 판적사는 "호구·전토·부역賦役·공헌貢獻과 농상의 권과勸課, 흉풍凶豊·수한水旱의 고험考驗과 의창義倉·진제賑濟"를 담당하였고, 회계사는 "조부租賦·세계歲計·권형權衡·도량度量과 경외京外의 저축(儲備)·지출(支調)"을 담당하였고, 급전사는 "영업전永業田·구분전口分田·원택園宅·문무 직전文武 職田과 여러 공해전公廨田"을 담당했다. 거칠게 구분하면 판적사는 재정 수입, 회계사는 재정 지출, 급전사는 토지 운영을 담당한 것이다.

그러나 호조의 업무 규정은 『경국대전』에서 조금 변경되었다. 호조의 관장 업무에 대해서는 "호구·공부·전량田糧·식화의 정사"를 관장한다고 하였으며 그 아래 소속 부서로 3개를 두었다. 판적사, 회계사, 경비사經費司가 그것이다. 태종 연간에 존재하던 급전사는 더 이상 나타나지 않고, 대신 경비사가 그 자리를 차지했다. 판적사의 업무는 "호구, 토전土田, 조세租稅, 부역, 공헌, 농상의 권과, 풍흉의 고험 및 진대賑貸, 염산斂散"이었고, 회계사의 업무는 "서울과 지방의 관아에서 비축한 물자와 세입·세출의 회계, 휴흠虧欠을 살펴서 해유解由를 주는 등에 관한 일"이며, 경비사의 업무는 "서울의 각 관아의 경비지출과 조달 및 왜인倭人에 대한 식량지급(糧料) 등에 관한 일"이었다. 급전사의 업무가 대체로 과전법의 관리였다는 점을 감안한다면 『경국대전』이 완성된 성종 초반 과전법이 점차 무의미해지면서 급전사가 사라지고 대신 경비사가 설치된 것으로 볼 수 있다. 1496년(연산군 2) 7월, 대간臺諫이 상소를 통해 "호조에는 삼사가 있으니, 판적사는 나라의 토지를 맡고, 회계사는 모든 곳의 전곡을 맡고, 경비사는 일체의 경비를 맡는다"고 하는 말을 통해 세 부서가 담당하는 개략적인 일을 알 수 있다.

『대전통편』에 이르면 호조의 소속 부서는 더 세분화되었다. 사司의 하부 부서 개념으로 방房과 색色이 나타났다. 전례방前例房은 제향祭享과 공상供上, 사행使行의 방물方物, 예장禮葬에 관한 사무, 판별방版別房은 수시로 특별 무역에 관한 사무, 별영색別營色은 훈련도감訓鍊都監의 군병軍兵에 대한 급료給料 지급에 관한 사무, 별고색別庫色은 공물貢物을 지급하는 사무, 세폐색歲幣色은 절사節使의 세폐에 관한 사무, 응판색應辦色은 객사客使의 접대용 물품의 지급에 관한 사무, 은색銀色은 금金과 은銀에 대한 사무를 담당했다. 부서가 세분화되었다는 말은 곧 호조의 업무가 그만큼 늘어났다는 것을 의미했다.[1]

소속 관사가 늘어났으므로 체계를 갖출 필요가 있었다. 『탁지지』에 따르면 호조 기구는 3사 14방房으로 정리되었다. 판적사는 한나라의 사농司農, 경비사는 당나라의 좌장佐藏, 회계사는 송나라의 심계원審計院을 모방한 제도라고 보았다. 판적사 소관으로는 잡물색, 금은색, 주전소, 수세소, 사섬색을, 경비사 소관으로는 전례방, 별례방, 판별색, 요록색, 세폐색, 응판색, 별고색, 별영색, 사축색을 두었고, 회계사에는 소관 부서가 없었다.

호조 사람들

조선 후기를 기준으로 호조에는 정2품인 판서判書 1인, 종2품인 참판參判 1인, 정3품인 참의參議 1인이 당상관으로 재직하였다. 호조의 당상관인 3인은 대부분 비변사 당상備邊司堂上으로 임명되어 비변사회의에 참여할 수 있었다. 그러나 연대기 자료를 보면 주로 호조의 정책에서 발언하는 인물은 호조 판서였다. 그래서 판서는 여러 관직을 겸직하였다. 호조 판서는 장생전長生殿, 훈련도감, 비변사備邊司, 선혜청宣惠廳, 예빈시禮賓寺, 광흥창廣興倉, 군자감軍資監, 선공감繕工監을 예겸例兼하였는데, 예겸은 오늘말로 당연직이다.

당하관으로는 정5품인 정랑正郞 3인, 정6품인 좌랑佐郞 3인이 있었다. 법전에 따르면 이들은 대부분 생원과 진사에 합격한 인물 중에서 음관蔭官을 임명할 수 있다고 규정하고 있다. 음관이란 과거에 급제하지 않고 생원과 진사만으로도 관직에 진출하는 관원을 말한다. 즉, 사헌부나 사간원과 같이 청요직은 아니라는 것이다. 정랑과 좌랑 중에서 1인은 반드시 구임관久任官이어야 하는데 구임이란 근무 기간을 오래 하도록 하는 관원을 말한다. 3인이 모두 자주 교체되면 호조 업무에 문제가 생기기 때문에 호조 업무에 능숙한 1인을 반드시 설정하도록 한 셈이다.

호조 정랑의 구임관 1인은 반드시 문신文臣으로, 호조 좌랑의 구
임관 1인은 반드시 무관武官으로 임명하도록 하였다. 또한 호조
정랑의 문신 구임관은 춘추관의 관직을 겸무兼務하도록 했는데,
호조 관련 업무를 기록하기 위한 목적이었다. 그러면 호조 정
랑과 호조 좌랑 나머지 각 2인은 음관으로 임명되는데 그중 각
2인은 자벽自辟하도록 했다. 자벽은 전임직이 스스로 천거하도
록 하여 호조에 능력이 있는 자는 전임자가 뽑을 수 있도록 한
제도를 말한다.

　호조 정랑과 호조 좌랑도 여러 부서의 업무를 동시에 맡고
있었다. 1727년(영조 3) 1월, 호조 정랑 안윤중安允中은 판적사版籍
司, 양향청糧餉廳, 별영別營, 전례방, 별례방別例房을 맡고 있었고,
1729년(영조 5) 1월, 호조 정랑 서종진徐宗鎭은 은색銀色, 응판색應
辦色, 요록색料祿色을 맡고 있었고, 1731년(영조 7) 3월, 호조 정랑
정석기鄭錫耆는 판적사, 전례방, 별영別營의 전포錢布를 담당하였
다. 1733년(영조 9) 6월, 호조 정랑 김시희金始煿는 판적사, 전례
방, 수세소收稅所, 주전소鑄錢所를 담당하였다.

　호조 정랑과 호조 좌랑 중에서 음직 출신의 이력자가 많았
고, 이들은 청요직과는 거리가 멀었다. 1731년 3월, 호조 정랑
정석기는 혜릉 참봉惠陵參奉으로 첫 벼슬을 시작하여 장흥고 봉
사, 사옹원 직장, 상의원 별제, 장례원 사평, 형조 좌랑, 군위 현

령軍威縣令을 거쳐 호조 정랑이 되었다. 1732년(영조 8) 5월, 호조 정랑 임세집林世潗은 처음에 휘릉 참봉徽陵參奉에 제수되어 사옹원 봉사, 헌릉 직장이 되었다가 파직되었고, 이후 복직하여 사옹원 직장, 장악원 주부가 되어 6품에 올랐으나 파직되었고, 다시 복직하여 훈련도감 낭청을 하다가 호조 정랑이 되었다. 1733년 6월, 호조 정랑 김시희金始熺는 경릉 참봉으로 벼슬을 시작하여 사직서 봉사, 예빈시 직장이 되었고, 1724년(경종 4) 진연의 감조관을 역임하였다. 형조와 호조의 좌랑을 거친 뒤에 경산 현감, 영천군수를 지낸 뒤에 호조 정랑에 제수되었다.

호조 정랑과 호조 좌랑은 다른 관직으로 옮겼다가 여러 번 제수되는 경우도 많았다. 1735년(영조 11) 5월, 호조 정랑 정윤선鄭潤先이 그러한 경우에 해당한다. 그는 1718년(숙종 44) 경릉 참봉에 처음 제수되어 선공감 봉사, 사도시 직장, 종부시 주부를 거친 뒤에 6품에 올라 형조 좌랑이 되었다. 그리고 1724년 1월, 호조 좌랑이 되었고, 같은 해 8월 호조 정랑으로 승진하였다. 그해 12월에 보은현감이 되었다가 1726년에 파직되었다. 1727년 8월, 제용감 판관으로 복직하고 그해 12월에 형조 정랑이 되었다. 1728년 8월 면천군수로 지방관에 제수되고 1731년에 파직되었다. 그리고 1733년 1월, 선혜청 낭청으로 복직되어 1735년 윤4월에, 다시 호조 정랑이 되었다. 그는 호조의 낭관을 세 번 제수받은 셈이다. 그러나 같은 해 12월에 사간 허집이 상소를 올려 "호조 정랑 정윤선鄭潤先은 일찍이 선혜청 낭청을 맡으면서 탐욕스럽고 비루한 일들이 많았습니다. 본직에 제수되어서는 또한 사리에 어둡다는 비난을 받았으니, 신의 생각에 개차하지 않을 수 없다고 봅니다"라고 하여 탄핵의 대상이 되었다. 호조 정랑이 그의 마지막 관직이 되고 말았다.

호조에는 산학算學을 전문적으로 담당하는 관원이 존재하였다. 호조의 재정 업무를 담당하기 위해서는 물품의 수량과 재원을 파악할 수 있는 산학 관원이 필요하였다. 종6품의 교수敎授 1인, 종5품의 별제別提 1인, 종7품의 주사籌士 1인, 종8품의 계사計士 1인, 종9품의 산학훈도算學訓導와 회사會士 1인이 있었다. 그리고 품계가 없는 부료계사付料計士 44인이 있었다.

이외에 호조의 이예吏隸직이 다수 존재하였다. 서리書吏는 60인이었고, 무료서리無料書吏는 5인이 있었다. 『탁지지』에 따르면 이들도 호조의 낭관과 같이 각 방에 분속되어 있었다. 많게는 3인, 적으면 1인이 배치되었다. 그리고 고직庫直과 사령使令과 같은 잡무를 하는 인원이 있었다. 고직은 10여인, 사령은 39명, 구종驅從은 31명이었다. 이들과 각 방에 나누어져 있었다.

호조 서리의 생활상에 대해서는 19세기 중반 호조 판서와 우의정을 지낸 박영원朴永元의 겸인傔人이었던 이윤선李潤善이

쓴 『공사기고』를 통해 구체적으로 확인할 수 있다. 그는 여러 해 동안 박영원의 집에서 근사勤仕를 한 관리인이었다. 그의 부친, 계부, 족숙, 당숙, 사촌도 모두 서리직을 역임하였다. 그는 1844년(헌종 10)에 처음 서리직을 얻어서 약 25년간 호조 서리 생활을 하였는데 주로 응판색, 봉상색, 은색의 직책을 지냈다.

당시 호조 서리직은 자식 등에게 물려주는 대립代立이 가능했기에 세습적인 성격을 가진 자리였다. 그리고 동시에 매매도 가능했다. 이윤선은 1865년(고종 2) 4월, 1,900냥을 지급하고 호조의 서리에 복직을 하였는데, 1년 전 자신이 1,800냥을 받고 방매했던 것이다. 1년 사이에 호조 서리의 자리값이 100냥 증가한 것인데, 다시 복직한 이유는 '살 방도를 찾기 위해서는 어쩔 수 없이 호조에 속해야 했다'고 말하였다.

호조 서리는 경제적 측면에서도 매우 중요한 자리였다. 사족士族이 아닌 중인 이하의 사람들에게는 매우 가치 있는 자리였다. 그리고 환로宦路로 진출할 수 있는 기회가 종종 주어지기도 하였다. 각종 국역國役에 참여하면서 상전賞典을 받아 가자加資될 수 있었기 때문이다. 이윤선의 일기에는 수많은 상전 기사가 확인된다. 이는 당시 호조 서리 이윤선의 최대 관심사였다. 그러므로 호조 서리를 두고 자리 갈등을 벌이기도 하였다. 서로 뒤를 봐주는 주인이 달랐기 때문이다. 비록 하급 관리의 자리 문제라고 하더라도 이는 조선 후기 경화 사족의 문제이기도 하였다. 그만큼 호조 서리는 중요 직책 중 하나였다.

호조 판서의 역할

호조는 주요 세원稅源을 관리하고 각종 부세賦稅를 징수하여 경비를 지출하고, 진휼, 회계, 해유를 책임지는 국가 재정과 관련된 거의 모든 업무를 부여받았다. 호조는 주요 업무를 분장한 속사屬司 이외에도 세부 업무를 수행할 21개의 속아문屬衙門을 두었다. 속아문은 세입을 바탕으로 왕실과 정부 수용품을 품목별로 분담해 조달하고, 창고를 관리하는 등의 임무를 맡았다.

임진왜란 이후 호조의 재정 운영에서 가장 큰 변화는 특정한 재정 업무를 담당할 관청이 등장했다는 것이다. 훈련도감의 군기와 소요 물품을 조달하는 양향청이 설치되었고, 대동법의 시행으로 공물 업무를 담당하는 선혜청이 들어섰으며, 임시기구로 존재하던 상평청과 진휼청이 상설기구로 자리잡았다. 그리고 균역법의 시행으로 급대를 전담할 균역청도 등장했다. 새로운 재정 업무를 담당하는 관청의 등장으로 호조가 담당할 업무는 이전보다 크게 감소한 것처럼 보인다.

그러나 재정 아문의 등장에도 불구하고 호조의 재정적인 위상과 책임이 줄어든 것은 아니었다. 호조가 국가경용國家經用의 근본이라는 정부의 인식은 변하지 않았다. 새로 등장한 재정 관청의 특징은 호조에 특정 업무를 담당하는 속아문이 있는 것처럼 모두 독자적인 업무 영역이 부여되었다는 점이다. 이들 관청은 각자 주어진 업무를 안수하면 추가 책임은 없었다. 오히려 본래 부여된 고유 업무라도 그 규모가 처음과 달라지면 업무 영역을 구분하며 책임을 호조에 전가했다. 예를 들어 선혜청은 공물의 수요가 늘어나 감당할 수 없게 되면 추가 공물가 문제에 대한 책임을 호조에 전가했다.

균역청도 사정은 다르지 않았다. 각 아문의 손실분을 균역청에서 급대해 주는데 각사노비에 대한 업무는 호조의 담당이었다. 균역청은 급대 비용만 지급해 주고 실제 업무 책임은 호조가 지고 있었다. 호조의 업무 부담이 증가한 셈이다. 균역청에서 비용 조달이 제대로 이루어지지 못하면 호조가 책임을 지기도 하였다. 호조 이외의 재정 아문들은 각자 부여된 책임이 분명하였으나 본래 업무 범위와 규모를 넘어서는 재정 수요가 발생하면 결국 대부분 호조의 책임으로 돌아갔다.

이러한 문제는 인적 구성에서도 볼 수 있다. 양향청, 선혜청, 균역청과 같은 신설 재정 아문들은 전임 장관이 없이 시임時

任 삼공三公이 도제조를 겸임하였고, 실제 업무를 책임지는 제조 3인 중에서 1인은 호조 판서를 당연직으로 겸직시켰다. 결국 다른 관청이라고 하더라고 호조 판서가 책임을 질 수밖에 없는 구조적인 문제가 있었다.

호조가 평시에 수행하는 업무는 우리가 잘 알고 있는 녹봉과 급료를 지급하는 일이었다. 이때 지출하는 경상비 규모는 대략 쌀 12만 석이었다. 우리가 호조 재정이 대략 10-12만 석이라고 할 때의 그 비용은 녹봉과 급료에 한정된 것이다. 국가 운영에서 가장 중요한 관료들의 인건비를 모두 호조가 담당했기 때문에 재정적인 책임은 막중했으나, 전체 국가 재정의 경상비 규모만 보면 국가재정을 총괄하는 호조의 위상은 정확하게 알기 어렵다. 호조의 재정 업무와 책임은 사실 경상비 이외의 지출에서 잘 나타났다.

호조의 재정 업무는 정기 업무와 비정기 업무로 나뉘는데 정기 업무에는 전결과 호구의 파악, 녹봉과 급료의 지급, 회계와 해유 업무 비정기 업무에는 예장禮葬, 칙사 접대, 궁궐 수리, 진연進宴, 진휼 등이 있었다. 이 중 문제가 되는 것은 비정기 업무의 내용이었다. 비정기 업무의 내용은 전쟁이나 변란을 제외하면 사실상 국가에서 발생하는 최대 재정 수요 업무에 해당한다. 특히 칙사 접대와 진휼은 호조 수입으로는 감당할 수 없었다. 호조는 비정기적 재정 수요가 발생할 때마다 전국 각처에서 지원을 받거나 별도의 대책을 마련해야 했다. 호조 판서는 주요 사안마다 재정 부문을 담당하는 제조로 차출되어 경비 마련을 책임졌다. 호조 판서를 눈여겨봐야 하는 이유이다.

2
___

왕대별 호조 판서들

광해군의 호조 판서

광해군 대 가장 대표적인 호조 판서로는 황신黃愼을 들 수 있다. 황신은 1562년(명종 17)에 태어나서 1617년(광해 9)에 사망하였다. 성혼과 이이의 문인으로 활동하였고 주로 서울과 강화를 오가면서 지냈다. 그가 호조의 일에 두각을 나타낸 것은 광해군 대였다. 그는 광해군이 즉위하자마자 호조 참판에 임명되었는데 그 이유는 임진왜란 당시 광해군이 이끌던 분조에서 재정을 담당했기 때문이다. 그리고 1609년(광해 1) 9월, 호조 판서에 임명되면서 진휼사를 겸임하였다. 그는 무려 6년간 호조 판서로 재직하면서 전쟁 이후 피폐해진 국가 재정을 맡아 이를 다시 튼

그림 2 〈황신 영정〉, 국립민속박물관에서 전재

실하게 만들었다. 또한 균전사均田使를 전국에 파견하여 양전 사업을 추진하였다. 그리고 명나라의 관반사가 되어 사신 접대 경비를 크게 절감시켰다.

1609년 9월, 『광해군일기』에는 황신을 호조 판서로 임명하면서 각주를 표기한 내용이 적혀 있는데, 그 내용은 "정직하다"였다. 광해군 초반 가장 큰 개혁은 경기 지역에 선혜법宣惠法을 실시하는 것이었다. 경기 지역은 산릉山陵을 다수 조성하고, 외국 사신이 왕래하는 지역이기 때문에 백성들에게 징수하는 역이 많았다. 그러므로 이를 견감하기 위하여 선혜법의 실시를 서둘렀다.

그러나 경기선혜법의 시행을 반대하는 신하들도 많았다. 왕실과 정부에 있는 상당수의 인물이 이를 반대했다. 방납을 통한 이익의 확보가 어려워졌기 때문이다. 공납제 개혁의 시작이 되는 경기선혜법을 잘 운영하는 일은 이제 호조 판서 황신의 역할이 되었다. 경기선혜법 시행을 주도한 이원익은 건강상의 이유로 조정에 나오지 못했다. 그는 선혜청 도제조였기 때문에 호조 판서 황신이 선혜청 제조의 일을 도맡았다.

황신은 경기선혜법을 시행하면서 찬반으로 나누어진 사실을 잘 알고 있었다. 일종의 여론전으로 번지기도 하였다. 반대하는 쪽은 방납배, 수령, 향리, 토지가 많은 양반이었고, 찬성하

는 쪽은 가난한 양반과 영세한 농민들이었다. 황신은 선혜청의
역량과 체계를 갖춤으로써 반대세력을 무마하려고 하였다.

호조 판서 황신은 전쟁 이후 부족한 국가 재정을 일정한 궤
도 위에 올려놓았다는 평가를 받았다. 당시 사관史官은 다음과
같이 기록하였다.

> "호조 판서 황신黃愼이 사직하였다. 당시에 국가 경비가
> 점점 늘어나 황신이 그때마다 적절하게 꾸려 나가느라
> 여념이 없었는데, 이때 와서 분조랑分曹郎 김경립金敬立
> 이 삼가지 못한 행실로 논핵을 입게 되자 이로 인해 사
> 직을 한 것이다. 왕이 유시하고 허락하지 않았다."

당시 사람들조차 황신 덕분에 국가 경비가 점점 늘어나는
것을 그나마 감당할 수 있었다고 평가한 셈이다. 광해군이 그의
사직을 허락하지 않은 맥락도 함께 생각할 수 있다. 황신이 아
니면 광해군이 추진하려고 했던 여러 가지 정책들을 시행할 수
없었던 것이다. 이러한 광해군의 생각은 다음에서도 잘 드러난
다. 호조 판서 황신은 각 지방에서 재원을 긁어모으던 일을 맡
던 조도사調度使의 업무가 오히려 방해만 될 뿐이라고 하면서 사
직을 청할 때 광해군은 다음과 같이 말하였다.

"구임久任시켜 효과를 거두려고 경을 번거롭게 한다마
는, 앞으로는 비록 질병이 있더라도 사직한다는 말을
하지 말고, 다시금 더욱 직무에 전념하라. 그리고 대신
으로 하여금 의논하여 처리하게 하라는 일은 아뢴 대
로 하라."

광해군은 다른 호조 판서와는 다르게 황신을 오래도록 직에
두도록 하였다. 보통 호조 판서가 1년의 임기를 채우지 못하는
데 반하여 광해군은 수년간 호조의 업무를 황신 한 사람에게 맡
겨 두었던 것이다.

당시 황신이 주목했던 것은 바로 양전量田이었다. 광해군은
이 시기에 궁궐 공사에 주력하고 있었다. 각종 도감을 설치하였
고 국가의 경비는 늘 부족했다. 이러한 정황은 호조 판서 황신
이 직접 상소로 말을 한 적이 있다.

"신이 임무를 받은 지 이미 3년이 경과하였습니다. 본
조本曹는 매우 바쁘고 업무가 잡다한 데다가 국가의 일
이 많아 큰 예가 계속 이어지는 때를 당하여 2년 동안
에 아홉 번이나 도감都監을 설치하였는데, 그때마다
신이 모두 전례에 의하여 도감의 일을 겸하여 보았습

니다."

황신은 궁궐공사에 들어가는 재원을 마련하기 위하여 각 지방에 파견된 조도사를 문제 삼았다. 지방에서 나타나는 폐단이 너무 많았기 때문이다. 그래서 근본적으로 국가 경비를 늘려야 한다는 고민을 하게 된 것이다.

황신은 임진왜란 이후 황폐해진 토지의 구획을 문제 삼았다. 토지의 경계가 무너지자 세금을 균일하게 해야 할 필요성을 느꼈다. 이를 위해서는 양전量田을 시행해야 했다. 광해군 즉위 이후 토지 파악 규모는 전쟁 이전에 비하여 50%에 불과했다. 그러므로 토지에서 거두는 세금 또한 50%에 이를 수밖에 없었다. 황신이 시급한 업무로 토지 파악을 주장한 것은 너무나 당연하였다. 광해군 초기 시행하던 경기선혜법도 토지를 기준으로 세금을 징수하는 것이기 때문에 양전 시행은 더더욱 필요했다. 이에 따라 하삼도下三道를 중심으로 양전사量田使를 파견하였는데 호조 판서 황신은 농사철 이전에 모두 측량을 하지 못한다고 하여 3인을 더 추가로 파견시켰다.

양전은 중앙정부에 의해서 파악하지 못하고 지방에서 숨겨 놓은 토지인 은루결을 파악하여 세금을 징수할 수 있는 경작지인 시기결을 파악하는 데 목적을 두었다. 그래야 양전으로 파악한 토지로 세금을 징수하여 호조 재정을 안정시킬 수 있었다. 양전은 이제 막 시행 중에 있던 대동법을 확대시키기 위한 전제 조건이었다. 대동법은 공납을 실물로 납부하는 방식에서 토지에서 쌀로 납부하는 방식으로 바꾼 것이기 때문에 무엇보다 토지 결수의 파악이 중요했다. 1결당 거두는 세금이 전세에 비하여 3-4배 많았기 때문에 대동법의 성패 여부는 토지 파악에 있다고 해도 과언이 아니었다.

1613년(광해 5) 3월, 황신은 정1품의 지위에 올랐다. 사실상 정승의 반열에 올랐으나 호조 판서는 여전히 황신이 담당하였다. 정1품이었기 때문에 그를 겸호조 판서라고 지칭했다. 당시의 재무를 담당할 만한 인물로 황신만 한 인물이 없었기 때문이다.

그러나 황신의 재정 정책은 오래가지 못했다. 1613년 계축옥사가 일어나면서 그도 함께 옥사에 연루되어 체포되었다. 그는 억울한 누명을 쓰고 유배를 갔는데, 그나마 광해군의 보호로 먼 변방이 아닌 황해도 옹진으로 유배지가 결정되었다. 그의 귀양과 함께 황신의 정계 활동은 마무리되었다.

이후 호조 판서는 이충이 맡았다. 사관史官의 평에 따르면 이충은 스스로 호조 판서가 되기를 원했다고 한다. 궁궐을 영건하면서 있지도 않은 것을 있는 것처럼 꾸몄고, 임금을 속이고 백성들을 도탄에 빠뜨리게 했다. 이른바 '백성들에게 마구 거두어 들이는 신하를 두느니 차라리 도둑질하는 신하를 두는 것이 더 낫다'고 한 것은 호조 판서 이충을 두고 한 말이라고 평가했다.

황신이 황해도 옹진甕津으로 유배를 갔을 당시『광해군일기』에는 다음과 같은 기록이 있다.

> "황신을 황해도 옹진에 유배하였다. 【멀리 유배하라는 계사가 비로소 중지되었다.】황신은 본래 명망이 있었는데, 임진년 난리 때 궁료宮僚로써 왕이 감무監撫하는 것을 시종하여 성실과 근면으로 왕의 지우知遇를 받았다. 왕이 즉위한 뒤에는 또 주청사奏請使로 가서 습봉을 허락받은 공로로 지위가 상경上卿에 이르렀다. 호조 판서가 되어서 5년 동안 청렴한 일처리로 공적이 있었으므로, 상하가 모두 믿고 의지하였다."

그는 1617년(광해 9) 3월, 유배지인 옹진의 적소謫所에서 사망하였다. 끝내 유배에서 풀려나지 못했던 것이다.『광해군일기』에는 그의 졸기卒記에서 다음과 같이 기록하고 있다.

> "황신의 자는 사숙思叔이고 호는 추포秋浦이며, 굳세고

모가 나서 다른 사람을 잘 인정하려 들지 않았다. 어려서 성혼成渾에게 사사하였으며, 무자년의 과거에 장원으로 뽑혔다. 임진년 난리 때 궁료宮僚로서 오랫동안 분조分朝에 있었는데, 바로잡아 주고 도와준 바가 많았다. … 이때 황신이 대사헌으로 있으면서 그것이 무함임을 극력 말하였다가 드디어 죄를 얻어 쫓겨났다. 그로부터 8년 뒤에 다시 호조 판서로 서용되었다. 그 당시에 조사詔使가 자주 나와 경비가 날로 불어났는데, 황신은 6년 동안 자리에 있으면서 치재治財를 잘하였고, 또 균전사均田使를 내보내어 토지구획을 잘하는 등 시행한 일이 많았다."

황신은 광해군 초반 6년간 호조 판서의 자리에 있었다. 특히 그의 관력 중에서 가장 두드러진 것은 임진왜란 당시의 활약이라기보다는 호조 판서로서의 업적이었다. 물론 임진왜란 당시 일본을 오가면서 했던 역할 또한 적지 않은 일이었다. 졸기를 보면 임진왜란 시기의 공적이 3/4 이상을 차지한다. 그러나 치적으로 본다는 호조 판서의 역할이 매우 두드러지게 기술되어 있다. 호조 판서로서 그의 두드러진 특징은 바로 '청렴한 일처리'였다. 광해군 연간 온갖 재정 비리가 두드러진 가운데에서도 그의 역할이 빛났던 것은 청렴하고 정직하다는 것이었다. 광해군이 초반 그를 눈여겨 6년 이상 호조 판서로 기용한 것도 모두 이러한 이유라고 본다. 졸기에서와 같이 광해군 연간에는 재정 지출이 매우 크게 늘어나고 있었다. 사신의 왕래가 잦아 접대 비용이 늘어났고, 궁궐 공사를 위한 도감이 많이 설치되었다. 황신은 호조 판서로서 이러한 비용 지출을 위한 재원을 잘 마련했다. 치재治財를 잘하는 것이 당시 조선왕조에서 얼마나 어려운 일인지 잘 보여 주는 사례라고 할 수 있다. 20년에 한 번 시행해야 하는 양전이 사실 거의 추진되지 않은 상황 속에서도 양전사를 파견하여 황폐화된 토지를 잘 구획한 것도 그의 업적이라고 볼 수 있다.

인조의 호조 판서

인조 초반 대표적인 호조 판서로는 이서李曙를 들 수 있다. 1623년(인조 1) 3월, 그가 호조 판서로 제수되었을 때 실록에는 다음과 같이 기록되어 있다

"이서는 본래 무인으로 문사文辭에 통달하고 강개하며

계책이 있었다. 폐조 때 오랑캐의 서신에 답하는 일로 수의收議하자 이서만이 거절하자는 뜻을 진술하였으므로, 식자들이 훌륭히 여겼다. 김류·이귀와 함께 의거를 공모할 때 장단長湍의 임지로부터 군사를 거느리고 달려왔으므로 군사들이 마음속으로 그를 믿고 두려워하지 않았다. 정사靖社의 공로에 크게 기여하였다."

그는 인조반정의 대표적인 공신으로서 본래 무인이었으나, 문사에도 능통하였다.

호조 판서 이서와 함께 눈에 띄는 한 인물이 있었으니 호조 참판으로 있던 권반權盼이 있다. 권반은 인조반정 초기 영의정 이원익, 호조 판서 이서와 함께 광해군 대 방만하게 운영되었던 재정 여건을 진단하고 민간의 과도한 부세 부담을 줄이기 위한 공물 변통 논의에 참여하였다. 권반은 호조 참판으로 재직하면서 작미사목作米事目을 작성하고 삼도대동법의 기초를 다졌다.

인조 초반 급선무는 군량의 마련이었다. 1623년 4월, 인조는 당시 당면하는 가장 큰 일은 두 가지라고 보았다. "백성을 구휼하는 일로 말하면 실질적인 생각이 아직 미덥지 못하고, 적을 토벌하는 문제로 말하면 군정이 형편없으니, 지극히 한심스럽다. 그리고 군량을 조치하는 일이 더욱 급무이다"라고 하면서 호조 판서 이서에게 호조의 1년 경비를 계산하고 남은 것이 얼마인지 물었다. 이서는 '1년 경비가 11만 석이고 수납 가능한 것은 10만 석으로 경비가 부족한데 무슨 돈으로 군수軍需를 보충할 수 있겠는가'라고 답하였다. 비축된 양식이 없으므로 군사를 뽑는 것보다 양식을 마련하는 것이 더 어려운 것이 당시 호조의 사정이었다.

1624년(인조 2) 3월, 도성에 대한 방비책 중 하나로 남한산성의 축조와 군량 비축이 본격적으로 논의되었다. 이괄의 난을 거치면서 도성이 함락당하자 보장처로서 남한산성의 중요성이 강조된 것이다. 병조 판서 김류는 기병을 뽑아서 육성할 수 있으나 군향이 모자라 걱정이라고 하였다. 훈련도감의 포수조차 먹이기 어려운 실정이었다. 인조는 호조 판서에게 군향을 마련할 수 있냐고 묻자 호조 판서 심열은 세입이 줄고 있어서 군량을 마련할 수 없다고 말했다.

호조 판서 심열은 당시 호조가 당면해야 하는 업무를 매우 버거워했던 것으로 보인다. 1624년 5월, 그는 경연 자리에서 이렇게 말을 하였다.

"국용國用이 모자라는 것이 지금보다 심한 때가 없으니, 군흥軍興과 흉년을 당하면 매우 한심스러울 것입니다.

신이 이 직임에 있은 지 5-6개월이 지났는데 호령이 내외에 행해지지 않습니다. 조종祖宗 때에 실판서實判書·겸판서兼判書의 규례가 있었으니, 훈신勳臣 중에서 위망威望이 있는 자를 겸판서로 삼으면 호령이 행해질 수 있을 것입니다. 이귀李貴가 스스로 자신이 해낼 수 있다 하니, 이러한 사람을 겸하게 하면 되지 않겠습니까."

현재 국가재정 운영이 매우 어려웠다. 수입은 모자란데, 군량과 진휼 재원은 많이 필요하였다. 자신이 호조 판서로 재임한 지 이미 6개월 가까이 되어 가는데 내외에 호조 판서의 명령에 따르지 않는 사례가 많았던 것으로 보인다. 광해군 시기에 겸호조 판서와 같은 규례가 있었던 것을 기억한 심열은 훈신 중에서 겸판서로 일을 담당해야 호조 판서의 명령이 제대로 수행될 수 있을 것이라고 보았다. 즉 정승의 지위에 있는 인물이 호조 판서를 맡아야 함을 강조한 것이다. 그리고 그 특정 인물로 이귀를 추천했다.

당시 인조는 이 상황을 이해하지 못하고 있었다. 그는 "재물을 나누어 주면 백성이 모이는 것인데, 지금은 국용도 모자라고 백성도 궁핍하니 그 까닭을 모르겠다"고 하면서 재정 부족과 백성의 궁핍이 동시에 일어나는 이 상황에 대한 별다른 타개

책을 가지지 못했던 것이다. 당시 심열이 강조했던 것은 양전이었다. 그는 "호조의 지출이 10만 석인데, 전세 수입은 9만 석이라고 하면서" 결국 토지 파악을 통해 수세 실결을 늘리지 않으면 안 되는 상황을 설명했다. 그는 "풍년이 되거든 양전해야 하겠습니다"라고 말한 것도 이러한 맥락이다. 문제는 그러한 자신의 구상이 호령號令이 안되어 제대로 시행되지 않는다는 점이었다. 심열은 인조반정의 공신들에게 이를 맡기자고 한 것이다.

심지어 호조 판서 심열, 호조 참판 유순익, 호조 참판 이정혐이 함께 진계하기도 하였다. 1624년 6월, 호조의 당상관들은 "이번 역적의 변란은 오래지 않아 평정되었으나 관고官庫가 비고 나라의 저축이 고갈된 것이 임진년과 다를 바가 없습니다. 임진년 이후에는 10여 년 동안 온갖 사무를 되도록 간략하게 하였으나 이제는 큰 변란 뒤에도 죄다 옛 규례를 본떠 거행하므로 용도가 매우 모자랄 것이 걱정되니, 묘당으로 하여금 부세賦稅를 더할 방책을 의논하여 국가 재정을 대게 하소서"라고 하면서 세금의 추가 징수를 언급한 것이다. 그러나 인조는 이에 반대하였다. "부세를 더하자는 말은 희롱하는 말 같으니, 매우 그르다"고 하였다. 추가 징수는 결국 백성들을 더욱 힘들게 하는 정사였기 때문이다.

이와 비슷하게 풍년이 든 해에 전세 등급을 올려 받기를 건의하기도 하였다. 당시 양전을 통한 토지 결수가 늘어나지 않았으므로 그나마 할 수 있는 것은 연분의 등급을 올리는 것이었다. 1625년(인조 3) 8월, 호조 판서 심열은 "지금 국가의 저축이 텅 비어 이리저리 꾸어 대어 구차하게 아침저녁을 꾸려 가고 있습니다. 그런데 올해 농사가 근래에 없는 풍작입니다. 전세의 등급을 올리는 것은 실로 새로 창안한 것이 아니고 또한 불법으로 거두어들이는 것도 아니며, 법령에 응당 행해야 할 일입니다"라고 말했는데 이로 미루어 보면 등급을 올리는 것은 사실 가능한 일이었다. 그래서 풍년이므로 백성이 견디지 못할 일은 아니었다. 그는 금년에 한하여 한해 등급을 올리고 이후부터는 이를 규례로 삼지 않으면 된다고 보았다. 그러나 인조는 세금을 추가로 걷는 것으로 간주하여 백성이 곤궁해지는 것을 차마 보지 못한다고 하여 다시 말하지 말도록 했다. 인조는 백성에게 더 거두는 일에 대한 거부감이 있던 것이다.

호조 판서 심열은 자신이 직임에 오른 지 1년이 되는 시점에서 호조의 재정 문제를 해결하는 방안으로 절약을 강조하기도 하였다. 1625년 1월, 그는 "신이 탁지度支를 맡은 지가 이미 1년이 넘었는데 경비는 날로 줄어드는 반면 쓸데없는 비용은 더욱 늘고 있으니, 현재의 계책으로는 용도用度를 절약하는 길밖에는 없습니다"라고 하였다. 이전에 양전을 시행하여 수세 실결을 늘이고, 추가 세금 징수를 주장하기도 하였으나 이조차 되지 못하면 남는 것은 수입 늘리는 것이 아니라 지출을 줄이는 방법밖에 없었기 때문이다.

심열이 호조 판서로 재직하는 동안 눈에 띄는 정사는 이원익이 대동법의 혁파를 건의하였을 때 그가 강원도만은 계속 존속시키자고 주장한 것이다. 1625년 2월, 영의정 이원익은 내외로 부역이 균등하지 못하고 멋대로 방납하는 뜻이 있다고 하면서 경기도에서 시험을 해 보고 강원도, 전라도 등에서도 시행을 하였으나 지역민들이 잇달아 상소를 올려서 대단히 불편하다는 내용을 호소하고 있던 것이다. 이렇게 될 바에는 차라리 대동법을 즉시 혁파하는 것이 낫다는 의견을 제시한 것이다. 그러자 호조 판서 심열은 강원도만큼은 1결당 16두로 공물가를 충당할 수 있다면서 강원도만큼은 시행하자고 주장하였다. 인조가 강원감사에게 확인해 보니 강원도 백성은 모두 시행하기를 바라고 있었다. 이에 따라 강원도 대동법은 호조가 관장하도록 하였다.

1638년(인조 16) 9월, 호조 판서 심열이 바로 우의정에 제수가 될 때, 사관의 기록을 보면 "반정한 뒤에 명민하고 관리로서의 재질이 뛰어남을 인정받아 지난날의 잘못을 깨끗이 씻어 주고 발탁하여 마침내 호조 판서가 되어 유능하다는 명성이 있었다"
라고 기록하고 있다. 그의 관력 중 가장 빛나는 것은 호조 판서
로서의 능력이었다. 영의정 최명길과 좌의정 신경진조차 "이때
호조 판서는 심열과 같은 자를 얻기 어려우니, 이처럼 위급한
때를 당하여 사람 쓰는 데 평상시의 준례에 구애받을 수는 없습
니다. 옛날에 방현령房玄齡이 정승이 되어, 탁지度支의 장관으로
서 적합한 사람을 얻지 못하자 자신이 관리하였고, 본조本朝의
대신도 이조 판서와 병조 판서를 겸직한 자가 있었는데, 호조에
이르러서만 어찌 유독 그렇게 하지 않겠습니까. 심열로 하여금
그대로 겸직하게 하는 것이 온당합니다"라고 말할 정도였다.

호조 판서 심열은 인조 초반 광해군의 재정 문제를 일정하
게 해결하고자 노력했다. 지출을 되도록 줄이고, 양전을 통해
토지를 재조사하고자 했으며, 강원도 대동법을 유지시키려고
하였다. 지출이 근본적으로 줄지 않기 때문에 제도 안에서 재정
수입을 늘리는 방안을 강구하려고 한 셈이다. 그는 병 때문에
더 이상 호조 판서의 직을 유지할 수 없었다. 1625년 10월 김신
국이 신임 호조 판서가 되었다. 이후에도 몇 차례 호조 판서의
지위에 있었다.

신임 호조 판서 김신국은 임명되자마자 국가의 재정을 보강
할 계책을 제시했다. "지금 나라의 저축이 탕갈되었는데 경용經

用은 제한이 없어 각사各司는 하루의 경비를 공급하기에도 어려운 형편이고 큰 창고에는 몇 달의 수요도 저축되어 있지 않습니다. 그런데 독부督府의 채단綵緞값과 여러 곳에서 외상으로 쓴 물건값을 대략 계산해 봐도 은 5-6만 냥을 밑돌지 않습니다. 이는 비유하건대 가난한 집에서 아침에 저녁 끼니를 걱정하는 형편인데 계약서를 가지고 묵은 빚을 받아 내려는 자가 문 밖에 줄을 서고 방안에 가득히 앉아 있는 것과 같으니, 어떻게 견디어 내겠습니까"라고 하면서 크게 세 가지 방안을 제시했다.

첫째는 국가에서 일상 쓰는 비용을 제한하는 것이었다. 그래야 각 관청에 회복될 수 있을 것이라고 보냈다. 둘째는 전폐錢幣를 만드는 것이었다. 전폐란 화폐 통용을 말한다. 고려시대 여러 국왕이 동전의 사용을 제시했으나 모두 실패했다. 그는 이용후생에 있어서 동전의 중요성을 강조했다. 화폐를 통하면 백성의 재산은 부유해지고, 후세를 행복하게 하는 길이라고 보았다. 셋째는 바다의 이익을 거두는 것이었다. 그는 바다로부터 많은 재정 수입을 거둘 수 있을 것이라고 생각했다. 조선은 삼면이 바다로 어전魚箭과 염장鹽場을 통해 세금을 징수할 수 있는데 그 이익이 모두 개인에게 돌아간다고 본 것이다. 그러므로 그 이익으로 곡물과 교환한다면 넉넉하게 재정을 확보할 수 있다고 생각한 것이다.

이 중에서 화폐에 대한 사용 논의가 진행되었다. 1626년(인조 4) 윤6월, 호조에서는 동전 사용에 대하여 유통시키는 장소에서 시험 삼아 실제로 제대로 시행할 수 있도록 제안을 하였고, 이를 통해 대신과의 논의를 통해서 시행 여부는 판단하도록 했다. 1627년(인조 5) 4월, 인조는 김신국에게 "호조에서 1년의 경비가 부족한 것을 항상 걱정하고 있는데, 어떻게 하면 재정이 넉넉하여 군량을 지탱할 수 있겠는가"라고 묻자, 김신국이 대답하기를, '단지 세입歲入의 곡식에만 의존하면 결코 지탱할 수 없으니 반드시 다른 방도로 재정을 늘린 뒤에야 가능합니다. 신의 생각에는 동전을 사용하는 것만 한 것이 없다고 여겨지는데 백성들도 돈의 사용을 바라는 자가 많습니다'라고 하면서 결국 동전 사용을 적극 권장하였다.

국가 경비에 도움이 된다면 김신국은 은의 채굴도 마다하지 않았다. 1627년 5월, 그는 함경도 단천의 은 채굴에 대하여 건의하였다. 재물을 늘리는 방도는 반드시 백성의 해가 없는 것이어야 한다고 하면서 백성과 이익을 다투는 어염세와는 다른 것이라고 보았다. 당시 조선에서 은을 채굴할 수 있는 곳은 단천뿐이었다. 그러므로 경차관을 두거나 수령이 전담하여 은을 채굴하기를 권하였다.

그러나 1628년(인조 6) 1월, 역적의 이름에서 김신국의 이름

이 나왔다고 하여 결국 호조 판서의 직에서 체차되었고, 전임
호조 판서였던 심열을 다시 호조 판서로 기용하였다. 1630년(인
조8) 5월, 공조 판서로 있던 심열이 상소를 하고 면직을 청하자,
사관史官은 그를 가리켜서 '반정 뒤에 호조 판서가 되어 재무 관
리를 잘하였다'고 기록한 것을 보면 알 수 있다. 비록 그가 광해
군 대에 참여를 하였으나 함경감사에 제수하여 쫓겨나지 않았
는데 반정 세력이 그를 기용한 것은 재무 관리 때문이었다.

인조 초반 호조를 이끌어 나가던 심열과 김신국을 대신하여
1631년(인조9)부터 호조를 이끌어 나간 인물은 김기종이었다.
그는 부임 초기부터 양전의 필요성을 매우 강조했다. "백성들
의 부역이 고르지 못한 것은 전정田政이 바르지 않기 때문이니,
양전하는 일은 조금도 늦출 수 없습니다. 그런데도 상께서 미루
기만 하시는 것은 그 이유가 있을 것입니다. 그러나 그 가운데
꼭 변통해야 할 것이 있으니, 시험 삼아 공청도公淸道 한 도를 가
지고 말해 보겠습니다." 그는 전체 지역을 다 하면 문제가 발생
하기 때문에 충청도 한 곳만이라도 시험 삼아 양전을 하기를 요
청했다. 그래야 백성들의 괴로움을 덜어 주고 부역을 가볍게 할
수 있으며 소요스러운 폐단을 막을 수 있다고 보았다.

인조 후반은 이명이 호조 판서를 맡았다. 전임 호조 판서들
이 모두 세상을 떠나자 호조의 업무는 이명에게 맡겨졌다. 인조

는 그에게 큰 기대를 걸고 있었다. 1643년(인조 21) 1월, 인조는 하교를 통해 "호조 판서 이명李溟은 용도를 절약하고 백성을 사랑하여 나의 뜻에 부응하였으니 특별히 한 자급을 더해 주라"라고 명할 정도였다.

그러나 사관史官의 생각은 전혀 달랐다. 실록에 기록하기를,

"살펴보건대 이명은 오랫동안 탁지度支를 맡고 있으면서 아랫사람에게 수탈하고 윗사람에게는 아부하여 백성이 도탄에 빠졌으므로 가는 곳마다 원성이 자자하였으니, 어찌 백성을 사랑하였다고 말할 수 있겠는가. 곧 백성의 해충이고 나라의 좀벌레이다. 나라의 좀벌레와 백성의 해충에게 용도를 절약하고 백성을 사랑한다고 하여 자급을 올려 포상하니, 어찌 괴이하지 않은가."

라고 하였다. 실제로 그가 호조 판서로 오래 재직하는 동안 수탈이 끊이지 않았다. 사관은 그를 가리켜 "백성의 해충", 아니면 "나라의 좀벌레"라고 불렀다. 인조만 모르고 다 아는 그런 호조 판서였던 셈이다. 1643년 4월, 호조 판서 이명이 사직상소를 올리자, 사관은 그를 가리켜 "이명은 여러 해 동안 지부地部의 판서로 있으면서 오로지 백성의 재물을 긁어모으는 것만을 일

삼아 중외가 원망하였는데도 상은 그런 줄을 몰랐다"라고 하였다. 앞서 말한 것과 같이 다 아는데 인조만 몰랐던 것이다.

1644년(인조 22) 9월, 재차 이명이 호조 판서로 임명되자 대간이 직접 나서서 그의 탄핵에 앞장섰다. 집의 김익희, 장령 이시만, 지평 이인과 이제형은 말하기를, "호조 판서 이명은 호조 판서의 직임을 받은 이후 7년 동안에 오직 가렴주구만을 능사로 삼고 나라의 부고府庫 채우는 것만을 힘씀으로써, 사방 백성들이 얼굴을 찡그리고 흘겨보면서 원망을 국가에 돌리고 있습니다. 청컨대, 이미 드러난 사실을 가지고 말씀드리겠습니다"라고 하면서 그가 그동안 해 오던 일을 하나하나 지적하였다. 그러나 인조는 이를 따르지 않았다. 비변사가 나서서 호조 판서 이명의 체차를 요구하고 나서야 관직을 바꿀 수 있었다. 그렇게 새로 임명된 인물이 바로 후에 영의정에 오르는 정태화였다.

효종의 호조 판서

효종 초반 호조를 담당한 인물은 원두표元斗杓였다. 그는 동전 유통을 주도하거나 백관의 녹봉을 줄이는 방식으로 재정 운영을 도모하였다. 그러나 문제는 거기에 있지 않았다. 호조 판서 원두표를 저격한 인물이 있었으니 바로 영의정 김육이었다. 1651년(효종 2) 8월, 그는 상소를 통해 "호조 판서 원두표는 본래 남을 이기기 좋아하는 병통이 있어 자기 마음에 싫은 것은 반드시 하지 않으려고 합니다. 어찌 다른 사람이 없기에 이 사람으로 하여금 오래도록 재리財利의 권한을 전담하게 하십니까. 대동법에 대한 의논이 있으면서부터 한 번도 신을 직접 찾아와 의논한 적이 없었습니다. 체통이 이처럼 무너지고서야 무슨 일을 할 수 있겠습니까"라고 하였다. 이러한 성품을 지닌 인물을 어째서 오래도록 재무를 담당하는 권한을 맡기느냐고 문제 삼은 것이다.

효종은 호조 판서 원두표의 면직을 허락하지 않았다. 원두표는 영의정 김육이 추진하고 있던 대동법 시행을 반대하고 있었는데 김육은 대동법을 주관하는 호조 판서 원두표가 대동법에 대해 견제하며 오랫동안 이권을 잡고 있는 것을 못마땅해했다. 결국 영의정 김육의 끈질긴 상소 끝에 호조 판서는 이시방으로 교체되었다.

이시방 또한 오래가지 않았다. 1652년 1월, 사간원에서 호조 판서 이시방이 심기원과 한통속일 뿐 아니라 김자점에 빌붙었다고 고발한 것이다. 결국 호조 판서는 이후원이 맡게 되었다.

이후원이 병으로 면직을 받자 같은 해 5월 다시 이시방이 호조 판서가 되었다.

1653년 2월, 호조 판서 이시방의 요청에 따라 경기, 강원, 충청의 공물을 복구시키는 일을 논의하게 되었다. 결국 공물을 부활하는 대신 대동미를 대가로 지급하도록 결정을 하게 되었다. 여기에는 영돈녕 부사 이경석, 영의정 정태화, 좌의정 김육의 뒷받침도 매우 컸다. 실무는 이시방이 맡게 된 것이다.

대동법을 시행하게 되었으므로 토지 조사를 바르게 할 필요가 있었다. 같은 해 5월, 호조에서는 "가家에서 재화財貨를 생산하는 방법은 경계經界를 올바르게 하는 데 달려 있습니다. 그런데 각도의 수령들이 일찍이 전안田案을 살펴보지도 않은 채 간리奸吏들의 손에 맡겨 마음대로 출입하게 하였고, 본조도 고준考準하지 못했기 때문에 간사함과 거짓이 날로 불어나게 되었습니다. 신이 산리算吏로 하여금 먼저 충청도의 지난해 전안을 고준하게 하였더니, 착오된 것이 무려 8천 5백 83결結이나 되었습니다. 1도道가 이러하니 다른 도는 미루어 알 수 있습니다"라고 하면서 토지 조사를 재실시하기를 요청했다. 착오를 일으킨 전결 수가 너무 많았기 때문이다. 이시방은 호조 판서 황신의 사례를 끌어들여 전체 토지 문서를 조사하는 관청을 설치하고 이 문제는 해결하도록 했다.

호조 판서 이시방이 주력했던 업무 중 하나는 노비 신공 문제였다. 1655년(효종 6) 1월, 그는 "각사노비안各司奴婢案에 등록된 자는 19만인데 신공身貢을 거두는 수는 2만 7천뿐입니다"라고 상소했는데 이는 각사노비의 파악이 제대로 실행되지 않았기에 이들에게서 거두어들이는 신공도 확보되지 못하고 있다고 본 것이다. 그러나 추쇄를 함부로 시행하기는 어려웠으므로 적극적으로 진달을 하지는 못하였다.

이시방 이후 임명된 인물은 허적이었다. 1655년 5월, 허적이 호조 판서에 임명되었다. 허적이 처음에 주목한 것은 화폐를 통용시키는 문제였다. 그는 영돈녕 부사 김육, 병조 판서 원두표와 함께 이 문제를 논의하고자 했다. 그러나 얼마 안 되어 허적은 체직되었다. 같은 해 12월, 허적이 판서가 되고 나서 한 창고의 곡식을 모두 사용하고 난 뒤 다른 창고의 곡식을 사용할 것을 명하였으나 두 창고의 보유량과 기록을 모두 대조하여 합하니 비는 것이 2,600여 석이나 되었다. 너무 오래전부터 해 오던 관행이어서 알 수가 없었다. 허적이 경연 석상에서 이 문제를 아뢰어 조사하도록 하였다. 허적은 1637년(인조 15)부터 조사를 시작하여 관련된 인물로 관원은 116명, 창리는 50인에 이르렀다. 결국 허적은 이 문제를 마무리 짓고 호조 판서에서 물러났다.

효종 후반에 임명된 인물은 정유성鄭維城이었다. 그가 재직

시에 가장 큰 문제는 대동법을 전라도에 확대 시행하는 것이었다. 1657년(효종 8) 7월, 호조 판서 정유성은 "호남의 백성들 모두가 시행하기를 원하였고 상소를 올린 자도 많습니다. 모든 일은 의당 백성의 마음에 순응해야 합니다"라고 하면서 전라도에서의 대동법 시행을 강하게 주장했다. 같은 해 9월에도 그는, "호서에다 이미 시험해 보았는데 호서가 편리하게 여기고 있으니 신의 생각으로는 호남 또한 그만둘 수 없습니다"라고 하면서 충청도에서의 편리함이 전라도와 크게 다르지 않을 것이라고 생각했다. 이에 영의정 정태화는 "호서에 대동법을 실시할 적에 허적이 직접 담당했었고 정유성은 그때 호조의 장관이었으니 허적과 유성에게 절목을 의논해 결정하게 한 다음에 본도에 묻는 것이 옳겠습니다"라고 하여 정유성에게 전라도 대동법 시행을 주관하도록 한 셈이다.

1658년(효종 9) 2월, 구체적인 입법에 들어갔다. 다만 방식에서 차이가 있었다. 호조 판서 정유성은 배로 운반하기 어렵기 때문에 연해 여러 고을에 대동미를 유치하고 공물 주인이 직접 그곳에서 받아 가도록 하자고 주장했다. 이에 반하여 이시방은 충청도의 경우 경창에 쌓아 두기 때문에 서울의 시세에 따라 공물 주인에게 지급하게 되는데, 호조 판서의 말대로 하면 장애가 매우 많을 것이라고 하였다. 이때의 논의는 일치되지 않았으나 효종은 충청도의 규례에 따라 시행하도록 하였다.

현종의 호조 판서

현종 초반 호조를 담당한 인물은 허적이었다. 초반에 가장 많이 논의된 것은 진휼에 대한 문제였다. 전국의 기근으로 기민들이 서울로 몰려들자 곡물을 매일 100석씩 내놓아야 하는 실정이었다. 이와 함께 진휼청을 개설하여 기민들이 굶어 죽지 않도록 하였다. 그러나 허적은 쉬지 못했다. 병이 든 것도 문제였으나 언관의 공격도 만만치 않았다. 그때마다 허적은 피혐을 위한 상소를 올렸고, 정승들은 이를 말려야 했다.

1661년(현종 2) 8월, 심지원은 "신들이 바야흐로 여러 비용을 절감할 일을 의논하고 있는데, 호조 판서의 병이 오래도록 차도를 보이지 않고 있으니 구애되는 일이 많습니다. 들건대 허적許積이 음질瘖疾을 얻어 제대로 말을 하지 못하고 있는데 가까운 시일 안에 낫기는 어려울 듯하다 하니, 체차하소서"라고 하였다. 허적의 병이 심상치 않았던 것이다. 이에 현종은 "허적은 재국才局이 출중한 데다 오래도록 본직을 맡아서 두서를 상세히 알기 때문에 내가 꼭 그를 기용하려고 했던 것이다. 그런데 병이 과연 위중하다면 체차하도록 하라"라고 하면서 허적의 체직을 허가해 주었다. 그리고 후임으로는 정치화鄭致和가 임명되었다.

정치화는 궁방이 함부로 점유한 토지에 대한 문제를 제기하였다. 1662년(현종 3) 5월, 태인과 고부 등지에서 여러 궁방이 마구 점유한 토지가 양안에 주인이 없는 땅이라고 등록하였으나 실제로는 모두 백성이 개간하여 경작하고 있는 땅이었다. 어느 날 궁방의 노비들이 찾아와 공문을 가지고 백성들의 소유권을 빼앗아 버린 문제를 제기하였다. 이에 모두 사실 조사를 통해 확인해야 할 필요를 제기했다. 그러나 현종은 불편한 심기를 드러냈다. 왕실과 관련된 일이었기 때문에 그러한 지적은 터무니없는 일이라면서 묻으려 했던 것이다.

1664년(현종 5) 윤6월, 정치화가 대간의 탄핵을 받아 체차를 하게 될 지경에 이르자 홍명하가 막아서고 나섰다. 그는 "호조 판서 정치화는 나랏일에 마음을 다해 항상 경비를 걱정했습니다. 그러므로 치화가 탁지度支의 장관이 된 뒤부터 저축이 매우 많아졌으니 체차하는 것은 애석합니다. 그러나 이미 봉명 사신의 직임에 차출되었으므로, 국경을 나간 뒤에는 장차 체차함을 면치 못할 것입니다. 더구나 정치화가 이제 막 대각의 논핵을 받았으니, 중신이 탄핵을 견뎌 가며 다시 나온다는 것은 또한 매우 온편치 않습니다"라고 하면서 정치화가 호조 판서가 된 이후 호조의 비축이 매우 늘어난 일을 강조하면서 그의 체직을 반대한 것이다. 그러나 현종은 이에 답을 하지 않았다. 현종은 호조 판서 정치화에 대한 불편한 심기가 있었던 것이다.

정치화를 대신하여 1664년 7월, 허적이 다시 호조 판서에 임명되었다. 이때 허적의 호조 판서 임명은 4번째였다. 호조 판서 허적은 자신이 네 차례나 호조의 장長이 되자 이를 근거로 체직을 요청하였으나 현종은 허락하지 않았다. 같은 해 9월, 허적이 우의정으로 자리를 옮기자 호조 판서는 이일상이 임명되었다. 그러나 이일상은 며칠 안 되어 체차되었다. 사관에 따르면 "호조의 장은 의당 재능이 있어 지모와 계책에 우수한 자를 써야 한다. 그런데 일상은 문장을 못 하면서 문형文衡을 맡았고 재능이 없으면서 호조를 맡았다. 당시의 인재 등용이 이와 같았으니 개탄스러움을 금할 수 있겠는가"라고 평가했다. 호조 판서는 우선 무엇보다 재능이 있고 계책이 우수해야 하는데, 이일상은 그런 재능이 전혀 없던 것이다. 인재를 알아보지 못하는 당시의 조정을 사관은 비판했던 것이다. 굳이 이미 호조 판서를 세 번이나 역임하고 우의정에 오를 인물인 허적을 임명할 수밖에 없던 사정이 있던 것이다.

1664년 9월, 호조 판서에 홍중보가 임명되었고, 같은 해 12월에는 정지화가 임명되었다. 그해 10월 홍중보의 호조 판서 임명에 대해서도 말이 많았다. 경연 자리에서 부수찬 심재는 "지난날 호조 판서의 천거를 의논할 때 일이 몹시 부당하였습니다. 정지화鄭知和가 호판이 될 수 없다면 모르거니와, 만약 적합하다면 어찌 그와 친하다고 하여 버릴 수 있겠습니까"라고 홍중보의 임명을 비판한 것이다. 그는 적합한 인물이 아니었다. 차라리 정지화를 임명하는 게 낫다는 것이었다. 결국 호조 판서는 그해 12월 정지화의 임명으로 마무리되었다.

1665년(현종 6) 3월에는 정치화가 호조 판서에 임명되었고, 1666년(현종 7) 8월에는 김수흥이 호조 판서로 발탁되었다. 그는 1668년(현종 9) 2월까지 호조 판서에 재직하였으나 김만중에게 배척을 받았다는 이유로 상소를 올려 체차를 요구하였다. 결국 호조 판서의 자리는 김좌명에게로 이어졌다. 그러나 그도 오래 재직하지 못했다. 그는 조복양과 탑전에서 서로의 잘못을 다투었다. 이 일로 다시 대간의 탄핵을 받았다. 같은 해 7월 체차되었다. 이때 사관은 그를 가리켜 "사리가 분명하고 위엄이 있어서, 호조 판서에 제수되자 간사한 자들이 농간을 부리지 못했는데, 매우 각박하여 물정에 통하지 못하였으므로 원망하는 사람이 많았다"라고 평가하였다. 김좌명은 주로 농간을 부리는 폐단을 막은 호조 판서로 당시 사람들에게 기억된 것이다.

1671년(현종 12) 3월, 김좌명이 사망하고 실록에 기록된 졸기를 보면, "사람됨이 총명하고 재주가 많으며 모습이 아름다웠다. 젊어서 급제하고 이어서 중시重試에 뽑혔으며 집에서는 행실이 있고 부지런하게 직책을 수행하였다. 일에 밝고 익숙하며 잘 살폈으므로 맡은 곳마다 잘 다스려졌다. 호조 판서였을 때에는 서리들이 꾀를 부리지 못하였고 병조 판서였을 때에는 무사가 두려워 복종하였다"라고 하여 호조 서리의 농간을 막고 호조를 운영한 것이 그의 가장 큰 업적이었다.

김좌명의 뒤를 이어 호조 판서에 임명된 인물은 이경억李慶億이었다. 그가 재직 시 가장 큰 문제는 안흥진 앞바다에서 조운선이 침몰하는 폐단을 시정하는 것이었다. 현종이 호조 판서에게 충청감사를 직접 데리고 가서 형세를 살펴볼 것을 명하자 이경억은 조복양과 민정중도 함께 가도록 요청하였다.

안흥 포구를 보고 돌아온 그는 직접 그려 온 그림을 현종 앞에서 펼치면서 안흥 포구의 상황을 설명하였다. 포구를 파게 되면 조운선은 안흥으로 돌아와야 하는 폐단이 없이 바람을 타고 하루아침에 강화에 도착할 수 있다고 보았다. 즉 안흥 포구의 굴포를 주장한 것이다. 그러나 함께 다녀온 민정중은 생각이 달랐다. 일을 급하게 해서는 안된다는 입장이었다. 결국 충청감사로 하여금 다시 조사하고 처리하도록 하였다.

이경억은 오래 재직하지 못하였다. 안흥 포구에서 돌아온 지 얼마 안되어 이조판서로 자리를 옮겼고 호조 판서는 이경억과 함께 안흥에 다녀온 민정중이 임명되었다. 민정중 재직 시에 가장 큰 문제는 양전量田이었다. 1668년 11월, 검토관 이단하는 항상 경작하는 토지인 정전正田과 묵히고 있는 토지인 속전續田에 대한 『경국대전』 양전 조의 규정을 개정할 것을 요청하였다. 이를 현종은 호조 판서로 하여금 개정하도록 명령한 것이다.

이 규정에 따라 황해도에 양전을 명령했다. 당시 영의정 정태화는 양전이 불가하다고 하였으나 호조 판서 민정중은 힘써 주장하여 현종의 허락을 받은 것이다. 사관의 기록에 따르면 "이때 민유중閔維重이 충청감사로 있으면서 다른 고을까지 차례대로 거행하기를 계청하였는데 조정에서 따랐다. 유중이 결수結數를 확보하려고만 힘써 대부분 실상대로 하지 않았으므로 호민湖民의 인심을 크게 잃었다"라고 하였다. 민유중과 민정중은 형제였기 때문에 나온 기록이었다. 민유중이 충청도에서 결수를 추가로 확보하자 이를 근거로 황해도에서의 양전을 시도한 것이다.

민정중이 호조 판서에서 체직된 것은 1669년(현종 10) 6월이었다. 당시 민정중은 항상 송시열과 자리를 함께하고 있었다. 양전을 주장한 것도 사실은 송시열의 의논을 민정중이 따라한 것이었다. 당시 송시열이 자리에서 물러나 향리로 돌아가자 민정중도 그와 거취를 함께하려고 했던 것이다. 이에 전임 호조 판서였던 김좌명이 다시 임명되었다.

호조 판서 김좌명은 민정중이 건의한 백관의 녹봉 문제를 뒤처리하고 있었다. 민정중은 백관의 녹봉에 쌀 1석씩을 더 줄 것을 요청하여 시행하고 있었다. 그러나 김좌명이 호조 판서가 되어 다시 계산해 보니 세미稅米가 부족하여 쌀 1석당 명주와 목면 각 1필로 대체하여 계산하면 1년 동안 주어야 할 명주와 목면이 무려 440동이나 되었다. 그러므로 현종이 신하들에게 재차 의견을 물어 사정을 이야기하며 녹봉의 추가 지급을 정지시켰다.

당시 사관은 민정중의 이러한 제도 시행에 대하여 비판했다. "우리나라는 토지 문서가 병란에 거의 다 불타 없어져 세입이 크게 감소되었는데 여러 번 기근을 겪으면서 그때마다 녹봉을 줄였다. 그리하여 직위가 높은 자는 북문北門의 탄식이 있게 되었고 관직이 낮은 자는 벼슬의 즐거움이 없게 되었다. 사대부들 간에 청렴한 풍조가 점점 쇠퇴해진 것은 바로 이 때문이었으니, 매우 애석하다. 민정중이 이를 개탄하고 옛 제도를 복구시키려 하였는데, 시행된 지 1년 만에 계속 주기가 어렵다는 이유로 마침내 그만두었으니, 참으로 이른바 근본은 헤아리지 않고 끝만 가지런히 하려는 짓이라 하겠다"하고 한 것이다. 기근으로 자주 녹봉이 줄어 벼슬의 즐거움이 없다는 것을 이유로 민정중은 녹봉을 추가 지급하고자 하였으나 그들의 기대와 달리 문제는 지극히 현실적인 것이었다. 재정을 확보할 방도를 마련하지 못하고 벼슬의 즐거움만 생각했던 것이다.

1670년(현종 11) 1월, 김좌명은 병조 판서로 자리를 옮겼고, 호조 판서에는 오정일이 임명되었다. 그러나 오정일은 호조 판서에 제수되자마자 대간의 탄핵을 받았다. 대간 사이에서도 의견이 달랐다. 정언 홍억과 사간 이단석은 탄핵에 참여하였으나 대사간 강백년과 헌납 정중휘는 따르지 않았던 것이다. 홍억은 "호조의 장관은 직임이 매우 중대하니, 흉년이 들어 재정이 바닥난 오늘날에는 더욱더 가벼이 제수할 수 없습니다. 그런데 새로 제수된 판서 오정일은 본디 국량이 모자라 여망에 흡족하지 않았습니다. 그리고 일찍이 형조 판서가 되었을 때도 사람들의 말이 많았습니다"라고 하면서 탄핵 상소를 올린 이유를 설명했다.

이 문제는 대신에게까지 이어졌다. 영의정 정태화는 호조 판서를 차출할 때 자신도 참여했다고 하면서 공론이 흡족하게 여기지 않는 사실에 대하여 매우 미안함을 드러냈다. 좌의정 허적은 호조 판서 추천 시 자신도 의망했다고 하면서 오히려 홍억의 탄핵 상소가 문제가 있다고 의견을 내었다. 그러자 현종은 과연 대간의 말이 공론인지 모르겠다고 하면서 어떻게 결정해야 할지 갈피를 잡지 못했다. 사실 문제는 정태화의 말처럼 "인재의 부족이 오늘날처럼 심한 때는 없었습니다"에 있었다. 결국 호조 판서에 권대운權大運이 임명되었다.

1671년 4월, 권대운 또한 대간의 탄핵을 받았다. 곡물을 팔아서 이익을 탐냈다는 것이 그 이유였다. 이러한 사유 때문인지 그해 6월 호조 판서로 김수흥이 임명되었다. 이후 권대운에 대한 탄핵은 계속 이어졌다. 그해 9월에는 양향청의 은자 3천 냥의 대출을 허락해 준 뒤로 1년이 지났음에도 조금도 갚지 않는 사실을 지적하였다. 지평 정유악은 이를 두고 백성에게서 이익을 꾀하다가 도리어 국가의 재정에 손실을 입혔다고 비판했다.

1671년과 1672년 사이 호조의 재정은 매우 부족하였다. 호조 판서 김수흥은 "경비가 바닥이 났으므로 반드시 미리 요리해야만 떨어질 걱정을 면할 수 있을 것입니다. 양서가 아니면 달리 가져다 쓸 곳이 없는데, 관서關西는 진휼청에 계하啓下된 것이 이미 3만 석이나 되니, 해서海西의 쌀과 콩 각각 5천 석과 관서의 쌀 1만 석을 얻어서 보태 쓰도록 하소서"라고 하였다. 달리 재원을 마련할 길이 없으므로 평안도에서 1만 석, 황해도에서 1만 석을 가져와야 했다. 환곡도 문제였다. 현종은 영의정 허적과 호조 판서 김수홍을 부르면서 이전에 받아들이지 못한 환곡을 모두 탕감할 것을 논의했다. 탕감할 환곡은 모두 10만 석에 이르렀다.

숙종의 호조 판서

현종 연간 마지막 호조 판서는 민유중이었다. 민유중의 호조 판서 지위는 숙종 즉위 초반에도 그대로 이어졌으나 곧 해직되었다. 1675년(숙종 1) 1월, 오정위吳挺緯를 호조 판서에 임명하였다. 제2차 예송논쟁을 통해 정권이 서인에서 남인으로 바뀐 결과였다. 같은 해 5월, 오정위는 좌참찬에 의망되어 낙점을 받았다. 그러나 영의정 허적은 숙종에게 물었다. "오정위를 탁지度支에 맞지 않는다고 여겨 그렇게 하신 것입니까"라고 하자, 숙종은 "아니다. 내가 참찬을 겸임兼任시키려고 생각했다"라고 답하였다.

허적은 당시 오정위가 호조의 직무를 잘 처리할 것이라고 적극 말하여 그대로 임명하기를 바랐던 것이다. 그러나 사론史論은 그러하지 않았다. "오정위는 탐오貪汚로써 여러 번 탄핵彈劾을 받았다"라고 평가를 받았다. 심지어 김석주는 "나는 오정위의 손을 보는 것이 싫다"라고 말했다고 한다.

실록에는 다음과 같은 기록도 보인다. "지부地部에 들어갔을 적에 화려한 비단과 값진 보배가 쌓여 있음을 보고는 번번이 요동하며 많이 가져갔으나, 낭리郎吏들이 눈을 가리고 못 본 체하였으므로, 뇌물이 공공연하게 행하여졌으니, 이를 들은 자가 모두 침 뱉고 욕하였다. 탁지度支가 되어서는 탐욕을 부리는 것이 근세에는 없을 정도였다"라고 할 정도였다. 오정위는 서인들을 향하여 이런 말도 했다고 한다. "지부는 참으로 좋은 데다. 서인西人들이 과연 좋은 벼슬자리를 누렸구나"라고 했다. 현종 연간 호조 판서는 대부분 서인들의 차지였기 때문이다.

이러한 오정위에 대하여 홍우원이 비판을 하고 나섰다. 1676년(숙종 2) 4월, '호조 판서戶曹判書 오정위는 늙어서 직무를 잘 거행하지 못하니, 경질更迭을 허락하시는 것이 마땅합니다'라고 한 것이다. 숙종은 이를 어렵게 여겼으나 결국 오정위는 체직상소를 올리지 않을 수 없었다. 결국 같은 해 5월, 오정위의 뒤를 이어 호조 판서가 된 인물은 오시수吳始壽였다.

1678년(숙종 4) 4월, 오시수는 이조 판서로 자리를 옮겼고, 민점閔點이 호조 판서에 임명되었다. 같은 해 12월에는 이원정李元禎이 호조 판서가 되었다. 그러나 이듬해 2월, 교리 심단에 의해 역마를 사사로이 탔다는 혐의를 받았다. 결국 1679년(숙종 5)

3월, 목내선睦來善이 호조 판서에 임명되었다. 남인 호조 판서를 오래 재직하지 못하고 자주 갈렸다.

1680년(숙종 6) 5월, 민유중이 호조 판서가 되었다. 경신환국으로 다시 서인이 집권을 한 것이다. 같은 해 12월에는 민유중이 예조 판서로 자리를 옮기고, 조사석趙師錫이 호조 판서가 되었다. 1681년 3월에는 정재숭鄭載嵩이 호조 판서가 되었다. 당시 호조의 비축분이 매우 많았던 것으로 보인다. 그러나 조금씩 균열이 생기기 시작했다. 같은 해 6월, 호조 판서 정재숭은 지금 호조의 지출을 잇댈 수 없는 지경에 이르렀다고 하면서 호조의 면포가 2천 동으로 여러 해 동안 저축한 결과였으나 이미 1천 동을 여기저기 가져다 사용한 결과 더 이상 나올 곳이 없다고 하면서 이제는 지출을 절약해야 버틸 수 있다고 말한 것이다.

그러나 정재숭는 1682년(숙종 8) 2월 대간의 논박을 받고 자리에서 물러났다. 호조 판서의 자리는 윤계尹堦가 이어받았다. 윤계는 호조의 미곡이 다 소실되자 호조로 하여금 돈을 주조하고 다른 관청에서 주조하지 말 것을 요청하였다. 또한 각 도의 선척船隻·어전漁箭·염분鹽盆·어장漁場으로서 각 아문衙門과 각영各營과 각관各官에 나누어 소속된 것을 성책成冊하여 보고하도록 하였다. 호조가 주관하여 바다의 이익을 확보하고자 한 의도였다. 또한 조운 제도에 대해서도 사선私船을 임대하여 사용하는 것이 편리하다는 입장을 내비치기도 하였다.

1683년(숙종 9) 6월, 호조 판서 윤계가 박태유의 상소로 탄핵을 받자, 전임 호조 판서 정재숭이 다시 임명되었다. 그는 같은 해 7월, 각 아문과 궁방의 경우 1672년 이후에 절수한 토지, 시장, 어전, 염분에 대해서는 혁파하라는 명이 있었으니 1672년 이후 절수한 것은 내수사의 공식 문서가 있더라도 허락하지 말 것을 요청하였다. 이는 절수처의 증가로 호조의 세입 부족을 미연에 방지하고자 하는 의도였던 것이다.

1685년(숙종 11) 5월, 호조 판서 정재숭이 우의정에 제수되자 호조 판서의 자리는 박신규朴信圭가 대신하였다. 실록의 사관은 정재숭에 대하여 "가풍家風을 준수하여 규각圭角을 드러내지 않았으며 탁지度支에 오래 있어서 백성들의 예찬을 꽤 얻었으나, 다만 그가 학술學術이 없었기 때문에 유자儒者를 좋아하지 않아서 인망人望이 돌아오지 않았다가 이에 이르러 대배大拜에 가복加卜되었다"고 평가하였다. 그는 호조 판서에 예외적으로 오래 재직하면서 백성들이 편하게 여길 만한 정책을 시행하기는 했으나 당시 지식인들은 학문이 없던 그를 좋아하지 않았던 것으로 보인다.

그러나 이후 호조 판서는 1개월도 안되어 자주 바뀌었다. 신임 박신규는 같은 해 8월 자리를 갈리고 여성제呂聖齊가 그를 대신했다. 1개월 뒤에 여성제가 형조 판서로 자리를 옮기자 호조 판서는 윤지완尹趾完이 맡았다. 다시 1개월 뒤에 호조 판서는 유상운柳尙運이 임명되었다.

1686년(숙종 12) 6월, 조사석趙師錫을 호조 판서로 삼았고, 같은 해 12월에는 다시 유상운이 호조 판서가 되었다. 1687년(숙종 13) 1월에는 이민서李敏敍를 호조 판서戶曹判書로 삼았다. 같은 해 12월에는 유상운이 다시 호조 판서가 되었다. 1688년(숙종 14) 7월에는 윤지완이 다시 임명되었는데, 이 시기 호조 판서의 업적으로 볼 만한 기록을 실록에서 찾아볼 수가 없다.

1688년 10월 윤지완이 병조 판서로 자리를 다시 옮기자 유상운이 다시 호조 판서가 되었다. 이때 논의된 일 중 가장 중요한 것은 삼남에 양전을 시행하는 것이었다. 1689년(숙종 15) 1월, 영의정 김수흥은 양전 시행을 주장하였으나 도리어 호조 판서 유상운이 반대한 것이다. 숙종이 김수흥의 편을 들어 양전 시행을 명하였다. 이에 김수흥이 호조 판서로 하여금 대신들에게 물어보도록 하였다. 호조 판서의 주장에 힘이 전혀 실리지 않았던 것이다. 호조 판서 유상운은 대신들과 논의하여 그해 가을 다시 논의하여 시행하도록 결정하였다.

그러나 기사환국으로 서인이 물러나고 남인이 들어서자 호조 판서의 자리가 바뀌었다. 그해 2월, 호조 판서에 권대재權大

載가 특별 임용되었다. 이 시기에는 흉년으로 인하여 재원의 마련이 매우 필요했다. 도성의 백성들이 이익을 잃은 지 오래고 저축이 고갈되어 회복의 기미도 없었다. 주전을 통해 재원을 마련하자는 논의도 있었으나 호조 판서 권대재는 반대했다. "본조本曹에서 주전鑄錢한 지 이제 12년이 됩니다마는, 돈은 천賤해져 교역交易에 방해妨害가 되니 도성都城의 백성이 모두 불편하다고 합니다. 주전鑄錢을 정지함이 마땅합니다"라고 하면서 도리어 동전으로 불편해질 것이라 본 것이다. 그러나 권대재는 그해 4월, 사망하고 말았다. 후임 호조 판서로 오시복吳始復이 임명되었다.

1692년(숙종 18) 1월, 유명천이 호조 판서가 될 때까지 꽤 오래도록 오시복이 남인 정권 아래에서 호조를 관장하였다. 그는 볼만한 것이 꽤 있었다. 흉년이 발생하게 되자 평안도와 황해도의 환곡을 1/3만 받아들이도록 요청을 한다거나 각 아문의 둔전을 새로 금령을 내렸는데 이를 혹 허가하게 되면 나쁜 선례를 본뜨는 자가 많을 것이기 때문에 선례로 삼지 말도록 요청하였다. 또한 숙종은 장형張炯의 수묘군守墓軍에게 급복給復을 내려 주고자 하였으나 오시복은 전례가 없다는 이유로 극구 반대하였다. 이와 같이 전례가 없는 문제를 새로 만들어 내는 것을 반대하여 추가로 발생하는 비용을 줄이는 효과를 가져왔다. 1693년

(숙종 19) 10월 오시복이 다시 호조 판서에 임명된 것도 그러한 이유라도 생각된다.

1694년(숙종 20) 4월, 이세화李世華를 호조 판서로 임명하였다. 다시 환국이 일어나 남인 정권에서 서인 정권으로 바뀐 것이다. 이세화는 궁중에서 왜석 200근과 북경석 50근을 들이라고 명한 사실에 대하여 "성상께서 들이도록 명하신 것이기는 합니다마는, 만일 신이 저자와 민간에 독촉하여 기어코 모두 바치도록 한다면, 신이 국가를 저버림이 클 것입니다. 바라건대 전하께서 유익하지 않은 것을 만들지 마시고, 구득하기 어려운 것은 구하지 마시고, 더욱 절검節儉하는 덕을 힘쓰소서"라고 하면서 국왕 스스로가 모범이 되어 절약을 하도록 강조하였다.

1695년(숙종 21) 3월, 호조 판서 이세화는 장문의 상소를 통해 궁방의 절수에 대한 진언을 올렸다. 그는 궁방의 절수는 모두 내수사를 통하여 진행되는데 이는 모리배들이 촉탁을 도모하는 근본이라고 보았다. 그러므로 옛 궁방은 절수를 허락하지 말고 새 궁방은 공한지空閑地를 골라서 절수하도록 하여 사체가 중할 수 있고 나라를 다스리는 절약과 검소의 방도라고 강조하였다.

1695년 7월, 그는 흉년이 든 상황에서 국왕으로서 해야 할 일이 무엇인지를 장문의 상소를 통해 진달했다. 국왕이 부지런히 신하들을 자주 접하고, 부화浮華를 물리치고 절약에 힘써야 한다고 보았다. 궁방의 절수가 가장 큰 문제가 되기 때문에 일정한 규례를 만들어야 한다고 주장했다. 그래야 백성들 사이에서의 쟁송爭訟하는 단서가 없어질 것이라고 하였다. 이세화가 당시 가장 크게 강조하는 것은 궁방의 절수 문제였던 것이다. 결국 숙종도 1688년(숙종 14) 이후의 절수에 대해서는 모두 돌려주도록 조치를 취하지 않을 수 없었다.

1696년(숙종 22) 9월, 이세백李世白을 호조 판서로 삼았고, 1697년(숙종 23) 10월, 이새백은 이조 판서로 자리를 옮겼고 이유李濡를 호조 판서로 삼았다. 그는 수레의 사용을 주장했다. 평안도에 기근이 들어 말의 사육이 부실한데, 일찍이 평안도에 수레를 통행하도록 명령이 있었으나 끝내 시행되지 못하였다고 한다. 그래서 지금 바로 형세에 따라 수레를 통행할 수 있는 기회라고 보고 비변사가 주관하여 시행하기를 주장했다. 이에 숙종은 평안도의 수레 통행은 호조 판서가 말한 대로 분부하도록 하였다.

같은 해 12월에는 평안도의 개간을 강조했다. 평안도의 토지는 황폐한 곳이 많기 때문에 평안감영으로 하여금 전체를 조사하도록 하여 개간하고 파종하게 하고, 또한 약간의 종자를 나누어 주어 농사를 권장하도록 주장했다. 이에 숙종은 비변사에서 절목을 만들도록 하였다. 또한 여기에 더하여 이유는 각 도에 신칙하여 제언을 고쳐 쌓도록 주장했다.

1698년(숙종 24) 1월에는 전국에 기근이 들자 호조 판서 이유는 소의 도살屠殺이 너무 많이 이루어지고 있다고 하면서 여러 도에 거듭 경계하여 소의 도살을 엄금할 것을 청하였다. 이른바 우금牛禁 정책을 적극 권장한 것이다. 이때 전국적인 기근은 전례 없는 것으로 개시開市를 통하여 청나라의 좁쌀 4만 석이 유입되었다. 그래서 서울과 경기, 평안도, 황해도에 각각 1만 석을 분급하였다. 모두 이유가 호조 판서로 있을 때의 일이다.

1698년(숙종 24) 6월, 호조 판서 이유를 파직해야 한다는 대간의 탄핵이 있었다. 이들은 모두 호조 판서 이유 때문에 "백성의 원망이 크게 일어나고 있다"라는 사유를 달았다. 그러나 숙종은 이유를 매우 비호하였다. 숙종은 스스로 이유에 대하여 "당초 호조 판서가 진달한 것은 첫째는 백성을 위함이고 둘째는 국가를 위함이었는데, 말단의 사단事端이 이 지경에 이를 줄 어찌 처음에 생각이나 하였겠는가? 이것이 바로 내가 대계臺啓의 윤허를 미루어 온 것인데, 다만 가을 일이 바야흐로 많아지고, 사신의 행차도 박두하여 사세를 참작하건대 의당 변통이 있어야" 한다는 것이었다. 다만 이 상황에서 계속 호조 판서직을 유지하기는 어려웠다. 숙종은 "이유는 탁지度支의 임무를 계속 살피기 어려울 듯하다"고 말하였다. 결국 호조 판서는 민진장閔鎭長이 맡게 되었다.

과거시험이 치루어지면 항상 종이값이 문제가 되었다. 원임 대신들은 시지試紙의 품질을 문제로 삼았으나 호조 판서 민진장 은 종이값은 조정에서 결정할 일이 아니라고 하면서 다만 이번 과거에만 한하여 종이의 품질에 대하여 구애하지 않는 것이 바 람직하다고 보았다. 과거 시험에 사용하는 종이는 매우 두꺼운 데 그 제한을 풀어 주는 것으로 문제를 해결하고자 한 것이다. 1689년 9월에는 평안도의 청북 지방과 함경도, 강원도에 한하 여 한전旱田에 급재給災를 허락하도록 요청했다. 보통 급재는 수 전에만 적용하는데, 이들 세 지역의 밭농사가 매우 흉년이었기 때문에 면세를 허락한 것이다.

1700년(숙종 26) 1월에는 김구金構를 호조 판서로 삼았다. 김 구가 제안한 정책 중 가장 눈에 띄는 것은 수차水車와 윤선輪船 이었다. 김구는 "수차는 물을 잘 퍼 올려서 실로 가뭄에 대비하 는 좋은 기구이므로, 각도各道에 나누어 보내어 시험 삼아 쓰도 록 할 것을 청하고, 윤선은 비록 작지마는 매우 빨라서 편의에 따라 기계奇計를 쓰기에 좋으므로 통영統營, 또는 전라도 수영水 營에 내려 보내서 그대로 조작하되, 제도를 조금 크게 만들도록 할 것을 청"하였다. 수차는 가뭄에 대비하여 물을 퍼 올리는 도

구였으며 윤선은 배였다. 당시 윤선이 어떠한 형태였는지는 알수 없으며 통영과 수영에서 사용하도록 한 것을 보면 일정한 이해가 있었던 것으로 생각된다.

1700년 11월에는 김구가 병조 판서로 자리를 옮기고 김진귀金鎭龜를 호조 판서로 삼았다. 그는 농사의 형편을 보아 대동법의 규정을 탄력적으로 적용할 것을 주장했다. 대동법에서 제시된 종이값이 넉넉하지 못하다고 하면서 풍년이 들면 쌀값이 낮아져서 종이를 만드는 사람들이 원통하다고 하였다. 그래서 1두씩 더 지급해 주고 흉년이 들면 다시 줄여 주는 것이 마땅하다고 보았다. 그래야 서울과 지방이 차별이 없을 것이라고 하였다.

1701년(숙종 27) 7월에는 김진귀가 우참찬이 되고 서종태徐宗泰를 호조 판서로 삼았으나 곧 갈려서 김창집金昌集을 호조 판서로 삼았다. 이 시기에는 양역변통에 대한 논의가 매우 활발하게 진행되었다. 군역 자원이 감소하면서 양역화된 군역을 어떻게 해결해 나갈 것인지가 숙종 연간 내내 논의되었다. 당시 김창집은 적게 변통하면 이익이 적다는 말을 인용하면서 반드시 크게 변통을 해야 구원久遠하는 방법이 될 것이라고 주장했다. 그는 금위영을 훈련도감에 소속시켜서 훈련도감의 군병에 결원이 있더라도 보충하지 말도록 주장했다. 왜냐하면 당시 유력한 호포戶布의 시행이 어려웠으므로 원망을 초래하는 것보다 낫다는 의미였다.

1703년(숙종 29) 5월, 김창집은 이조 판서로 자리를 옮기고 이인엽李寅燁이 호조 판서가 되었다. 그러나 며칠 지나지 않아 조태채趙泰采를 발탁하여 호조 판서로 삼았다. 당시 청나라 사신이 도성에 들어오게 되는데 영접을 주관하는 관서가 바로 호조였다. 그러나 이인엽이 강 밖에 있어서 정세상 여러 번 사직을 청한 것이다. 그래서 비변사에서는 조태채를 대신하도록 하였다.

그러나 대간으로부터 조태채가 평안감사 재직 시절의 문제가 제기되었다. 감사 시절 곡물 5천 석을 무단으로 발매하여 돈으로 바꾸었는데 그 돈의 행방이 분명하지 않았다. 수어사로 있으면서 중기重記에 군곡軍穀을 발매한 수를 제대로 채우지 못하자 호조의 곡식 600석을 급하게 돈으로 바꾸어 채운 것이 문제가 되었다. 결국 조태채는 자송自訟하는 상소를 올리지 않을 수 없었다.

1704년(숙종 30) 2월, 자리가 갈리어 김진귀를 호조 판서로 삼았다. 그러나 그 또한 자리를 오래 보전하지는 못했다. 같은 해 5월, 지평 유태명은 김진귀를 가리켜 "경대부卿大夫와 중재重宰들이 몸에 중박衆駁을 받고 있는데도, 편안히 여겨 쉴 줄을 모르고 있습니다"라고 비판했다. 결국 김진귀 또한 자신을 가리키는 것으로 알고 "늦게서야 물의物議를 들었는데, 곧바로 신의 몸을 가리킨 것이었습니다"라고 하면 병을 핑계대로 자리에서 물러났다.

신임 호조 판서로 홍수헌洪受瀗이 임명되었다. 당시 사론史論에 따르면 "홍수헌은 재정財政을 운영運營할 재주는 아니었으나, 청검淸儉을 스스로 지켰다"라고 평가하였다. 즉 호조 판서로서의 재목은 아니었으나 청검으로 발탁이 된 것을 알 수 있다. 호조 판서의 직을 수행할 만한 신하를 구하는 것이 어려웠다는 것을 알 수 있다.

1704년 7월, 호조 판서 홍수헌은 민원이 있다고 하여 사복시로 하여금 민전民田을 침해하지 말 것을 청하였다. 이를 궁방과 비교했다. 궁방에는 출급하고 민전에는 출급하지 않기 때문에 백성들의 원망이 크다고 지적하였으나 숙종은 이를 따르지 않았다. 또한 궐 안에서 쓰는 물건을 호조에서 불시로 가져다가 사용하는데 그 이유를 알지 못한다고 지적하였으나 숙종은 전례에 의한 것이므로 이를 문제 삼지 않았다. 이로 보면 그가 호조 판서의 직을 수행할 만한 재목은 아니었던 것으로 보인다.

1704년 10월, 홍수헌은 이조 판서로 자리를 옮겼고, 호조 판서는 조태채趙泰采가 맡았다. 1706년 11월, 조태채는 이조 판서로 자리를 옮겼고, 윤세기尹世紀가 호조 판서로 임명되었다. 이

시기 가장 큰 논의 주제는 황해도의 대동법 시행 여부였다. 우의정 이이명은 황해도에 대동법을 시행하기를 주장하였으나 당시 호조 판서 윤세기는 이를 어렵게 여겼다. 한편 그는 강계 지역에 국경을 열어 채삼採蔘을 허락하고 상인들이 매매하는 것을 허락하되, 호조에서 산원算員을 보내어 동래부의 예에 따라 세금을 징수하기를 청하기도 하였다.

1708년(숙종 34) 7월에는 김우항金宇杭을 호조 판서로 삼았고, 1709년 6월에는 김우항이 병조 판서로 자리를 옮기고, 유득일兪得一이 호조 판서가 되었다. 얼마 안되어 같은 해 8월에는 이인엽李寅燁을 호조 판서로 삼았다. 1710년(숙종 36) 2월, 전라도와 경상도에 흉년이 들자 이인엽은 1698년 이전에 거두 못한 신포身布와 1699년 이후 거두지 못한 신포는 5년을 한정하여 탕감하도록 하고, 재해가 가장 심한 영남의 13읍과 호남의 7읍에 대해서는 대동미 1두를 감하도록 요청하여 허락을 받았다.

1710년 7월에는 최석항崔錫恒을 호조 판서로 삼았다. 그러나 한달이 지나 최석항이 이조 판서가 되자 전임 호조 판서였던 김우항이 다시 임명되었다. 이 시기 호조 판서의 선공감과 제용감의 제조 예겸을 폐지하였다. 당시 민진후는 호조 판서로 하여금 선공감 제조와 제용감 제조를 예겸하도록 요구하였다. 그러나 호조 판서 김우항은 호조의 업무가 매우 번거로워 업무를 진행하기 어렵다는 이유로 사직상소를 올렸던 것이다. 그래서 숙종은 호조 판서의 겸찰을 파하도록 지시하고 제조는 별도로 차출하도록 하였다.

1712년(숙종 38) 12월에는 조태구趙泰耉를 호조 판서로 삼았다. 이때 논의된 대표적인 주제는 탕춘대에 창고를 옮겨 설치하는 일이었다. 탕춘대성이 수축되면서 다수의 비축 창고가 개설되었다. 그러나 이 일로 인하여 호조의 경비가 고갈되고 말았다. 내년에 두 번의 칙사가 예정되어 있었고 일본의 막부장군도 사망하여 외교 사안이 예정되어 있어서 자연히 들어가는 비용도 막대했다. 그러나 이러한 때에 탕춘대의 창고를 짓는 것은 거행하기 어렵기 때문에 호조에서 관장하고 있는 두 창고와 선혜청 곡물을 형편을 보아 들이는 것이 좋다는 의견을 제시했다.

1714년(숙종 40) 10월에는 조태구는 예조 판서로 자리를 옮겼고, 이건명李健命이 호조 판서가 되었다. 이 시기 다시 양역변통에 대한 논의가 있었다. 당시에는 호포와 구전, 결포에 대한 논의가 활발하게 진행되었다. 호조 판서 이건명은 호포를 주장했다. 그래서 우선 한 고을에 먼저 시행해 보고 시행 여부를 판단하자고 주장했다. 그러나 다른 신하들은 각 고을의 사정이 각자 동일하지 않아서 시험할 수 있는 실정이 아니라고 반대했다.

1716년(숙종 42) 7월, 조태구가 다시 호조 판서가 되었고 이건명은 병조 판서로 자리를 옮겼다. 그러나 조태구가 상소에 대한 비답이 엄준하다고 하면서 성 밖에 나가 견책을 기다리고 있자 좌의정 김창집은 상소를 통해 당장 호조에서 해야 할 일이 많다고 하여 숙종의 결단을 촉구했다. 결국 호조 판서는 권상유權尚游로 바뀌었다. 숙종은 "지부地部는 일이 매우 많고 또 흉년을 당하였다 하여 하유下諭하여 빨리 올라오게 하고, 또 연분 사목年分事目은 차당次堂이 묘당廟堂에 의논하여 거행하라"고 명하였다.

호조 판서 권상유는 1717년 2월, 정리사整理使가 되어 충청도에 내려갔다. 당시 국왕의 온천 행차는 주로 온양 온천에서 진행되었다. 그러므로 온양을 오가는 모든 사무는 정리사가 담당하도록 되어 있는데, 보통 정리사는 호조 판서가 담당하였다. 왜냐하면 행차에 들어가는 비용 지출이 매우 많았기 때문이다.

호조 판서는 호조 이외의 관청에서 동전을 주조하는 것을 매우 꺼려하였다. 1717년 11월, 도제조 김창집은 평안감사 김유의 장계에 따라서 평안도 지역에 흉년이 매우 심하게 들어서 진휼에 보태도록 동전의 주조를 청하였다. 비변사 논의 중 어떤 신하는 지방은 서울과 달라서 동전의 주조를 허락해도 해로울 것이 없다고 하고 어떤 신하는 동전이 통행하려면 동전이 부족하니 더 주조하지 않을 수 없다고 하였다. 그런데 유독 한 인물만 곤란하다고 주장하였는데 바로 호조 판서 권상유였다.

1717년 12월에는 호조의 경상 수입에 대한 상소를 올렸다. 호조의 올해 수세미는 13만 석에 불과한데 1년의 경비 지출도 거의 이에 맞먹었다. 그런데 지난해 여러 지역에서 큰 흉년이 들어 세입이 줄어든 탓으로 지금 남아 있는 재정은 5만 8천 석에 불과하여 앞으로의 지출을 어떻게 마련해야 할지 고민이라고 하였다. 올해는 풍년이라고 할 수는 없으나 재명災名이 많지 않아서 세입이 넉넉할 것이라고 예상했다. 다만 연분年分을 할 때에 어사를 파견하여 각 읍의 급재給災의 사실 여부를 적간하여 잘못된 부분을 시정할 것을 요구했다.

권상유는 그나마 숙종 연간 볼만한 호조 판서였다. 1724년 (경종 4) 4월 권상유가 사망하자 그의 졸기卒記에는 다음과 같이 기록하였다. 별다른 재능은 없었으나 "호조 판서로 있을 적에는 법을 지키며 재정을 절검하였다"고 기록했다. 그가 거친 수많은 관직 중에서 가장 탁월한 것은 호조 판서로 있을 때의 업적이었던 셈이다.

1718년(숙종 44) 6월에는 송상기宋相琦를 호조 판서로 삼았으나 그해 8월 송상기가 이조 판서로 자리를 옮기면서 전임 호조 판서였던 조태구가 다시 임명되었다. 그러나 조태구 또한 1개월 뒤에 면직되었다. 조태구가 자진해서 윤선거尹宣擧를 위하여 상서上書하였다가, 엄한 전지를 받은 뒤에 마음속에 원한을 품고 전후前後하여 벼슬에 임명되었으나, 한 번도 명命을 받들지 않았다. 결국 사론史論은 "호조 판서에 임명됨에 미쳐서는 여러 번 상서하면서 분개하여 원망하는 내용이 많았는데, 이때에 이르러 체임되었다"고 기록했다. 결국 호조 판서는 다시 권상유에게 돌아갔다. 그러나 1719년(숙종 45) 1월, 권상유가 이조 판서로 자리를 옮기자 이전에 문제가 되었던 조태구를 다시 호조 판서에 앉혔다.

조태구는 호조 판서의 자리를 오래 보전하지 못했고 1개월이 지나 송상기宋相琦가 호조 판서가 되었다. 송상기가 호조 판서로 재직 시에 가장 중요한 문제는 양전이었다. 우리가 경자양전庚子量田이라고 부르는 조선시대 마지막 대규모 양전이 바로 이때 시행되었다. 1719년 4월, 양전도감量田都監이 설치되었고 처음에는 민진원과 권상유를 당상으로 차하差下하여 두 사람이 세 도를 나누어 관장하도록 하였으나 결국 호조 판서 송상기를 추가로 양전 당상에 임명하였다.

경종의 호조 판서

숙종 말년 호조 판서였던 송상기는 1720년(경종 즉위) 8월 이조 판서로 자리를 옮겼고, 신임 호조 판서로 조태구가 다시 임명되었으나 같은 해 10월 민진원閔鎭遠으로 바뀌었다. 그는 1721년(경종 1) 2월, 전국에 산재한 은점銀店을 모두 호조에 소속시키도록 하였다. 그는 현재 호조가 가지고 있던 은화銀貨가 바닥이 났다고 하면서 매우 걱정을 하였다. 그는 "우리나라에서 은銀을 캐는 곳은 지금 거의 막혀 버렸으니, 청컨대 선조先朝의 정탈定奪에 의해 은을 산출하는 곳 및 군문軍門의 연점鉛店을 모두 본조本曹에 귀속시키되, 연철鉛鐵을 각 군문에 나누어 보내고 외읍外邑의 수령守令은 절대로 설점設店하는 것을 금하지 말며 양서兩西 이외 다른 도의 감영監營은 따로 은점銀店을 설치하지 못하게 하소서"라고 하였다. 호조 이외에 다른 기관에서 은점을 확보하여 은이 호조 이외에 다른 곳에 들어가는 것을 막고자 한 것이다.

그러나 민진원 때문에 청나라 사신이 더 많은 진상을 요구하는 일도 있었다. 당시 청나라 사신이 유독 탐욕이 매우 심하였다. 이에 민진원은 역관을 시켜서 청나라 사신에게 "칙사勅使는 반드시 청하거나 요구하지 않았을 것이니 이는 역관 무리가 가탁假托하여 농간을 부린 데서 나온 것이다"라고 하였으나 도리어 청나라 사신에게 힐문을 당한 것이다. 청나라 사신은 호조에 청구한 것을 제감除減한 일로 화를 내고 더 말썽을 부렸다.

결국 경종은 사신에게 각각 금 1천 냥을 주도록 명하였다. 이에 사신史臣은 "민진원은 처음에 능히 요량料量하지 못해 일을 뒤죽박죽으로 만들고 흔단釁端을 빚어 내었는데, 오로지 미봉彌縫만 하려고 허다한 공화公貨를 허비한 것이다. 오랑캐가 반드시 우리나라에 사람이 없다고 여길 것이니, 마음 아픈 일이다"라고 평가했다.

1721년 12월, 호조 판서 민진원이 체직되고 신임 호조 판서로 김연金演이 임명되었다. 김연은 방납의 문제를 제기했다. 각도와 각 읍에서 호조에 응당 납부해야 할 것을 청하고 방납하여 이익을 취하고 있기 때문에 세입이 크게 줄고 경비가 바닥이 나고 있다고 보았다. 그래서 이제 세금을 거두는 쌀과 콩, 그리고 노비 신공, 어염선세를 각 아문과 각 감영의 요청으로 서로 바꾸어 방납하는 것을 일체 금지하도록 하였다.

1722년(경종 2) 10월에는 이태좌李台佐가 호조 판서가 되었다. 그의 재임시에 가장 큰 문제는 양역변통이었다. 1723년(경종 3) 9월, 비변사에서는 호조 판서 이태좌와 이조 판서 유봉휘로 하여금 양역변통을 전적으로 관장하도록 하고 문무 낭청 각 2명을 차출하여 당상을 보좌하도록 하였다. 양역변통에 대한 본격적인 논의를 도맡게 된 셈이다. 그러나 곧 이조 판서 유봉휘가 병으로 해직되자 이태좌가 대신하였고, 유봉휘를 호조 판서로 삼았다.

그러나 1723년 12월, 유봉휘가 다시 이조 판서가 되면서 호조 판서는 김연金演이 다시 맡았다. 김연은 호조 판서에 임명되자마자 호조의 재정 문제를 논의했다. "경비는 고갈枯竭되고 저축은 탕진蕩盡되었으니, 참으로 좋은 계책이 없습니다. 청컨대 돈을 주조鑄造하는 것이 마땅한가 않은가를 대신에게 물어보소서"라며 동전의 주조를 통한 경비 마련을 주장했다. 이에 좌의정 최석항과 우의정 이광좌는 오래전부터 이를 반대하였으나 지금 호조의 저축이 고갈되는 상황 속에서 더는 막을 수 없다고 하여 호조의 동전 주조를 허락하였다.

그러나 김연에게 마주한 것은 사간원의 탄핵이었다. 1724년(경종 4) 2월, 사간원은 상소를 통해 "호조 판서 김연은 본시 재국才局이 모자라서 전에 이 직임을 맡았을 때 이미 물정物情의 불만을 산 것이 많았는데, 재차 임명됨에 미쳐서는 또 다사多事한 때를 만나 요구하고 수응할 것이 너무 많으니, 인품과 기량이 걸맞지 않습니다"라고 하면서 김연의 체직을 요구한 것이다. 사간원이 보기에 김연은 호조 판서로서의 역할을 맡길 만한 인물이 아니었다. 결국 조태억趙泰億이 호조 판서가 되었다.

호조 판서 조태억 또한 호조의 경비 부족을 걱정하지 않을 수 없었다. 전조田租의 세입이 부족하자 호조의 경비를 마련할 길이 없었다. 그는 경리청에서 비변사에 갚아야 할 쌀 5,700석이 전라도에 있으므로 이를 운반하여 보태 사용하도록 하였다. 또한 조태억은 근래 흉년을 계속 만나 세입이 줄어들었기 때문에 답험踏驗을 소홀하게 할 경우 세입이 더 줄어든다는 걱정을 내비쳤다. 그래서 각도의 도사와 경차관으로 삼사의 관원 중에 상명詳明하고 풍력風力이 있는 자를 차출하여 허실虛實을 염찰하도록 하여 누수가 없도록 했다. 이러한 노력에도 불구하고 세입이 부족하다 하여 1724년 7월, 충청도의 안흥창과 양진창에 있던 쌀 각 2,500석, 진휼청 쌀 5,000석, 선혜청 쌀 10,000석을 가져다 사용하지 않을 수 없었다.

영조의 호조 판서

영조의 대표적인 호조 판서로 권이진과 박문수를 들 수 있다. 두 인물에 대해서 보고자 한다. 호조 판서 권이진의 시장諡狀을 지은 인물은 정조 연간 영의정에 올랐던 번암 채제공蔡濟恭이다. 시장의 첫 구절은 호조 판서 이야기이다. 채제공 자신이 처음 호조 판서로 임명된 1770년(영조 46)의 한 장면의 모습을 묘사하였다. 내용은 아래와 같다.

"성상 46년(1770, 영조 46) 겨울에 내가 호조 판서에 임명되자 조정의 고관들은 서로 권면하며 "오직 권 판서와 같기를 바랍니다"라고 하고, 호조의 늙은 아전들은 몰래 서로 말하기를 "우리 공이 권 판서가 남긴 규범을 이어받을까 두렵다"라고 하였으니, 이는 권 공이 호조를 관장한 뒤로 지금 40여 년이나 지났지만 호조를 다스

리던 방법과 세금을 거두던 계책이 혁혁하게 말로 전
해지고 있어서, 고관들은 공을 아끼고 사모할 줄 알고
아전들은 두려운 줄 알기 때문이다."

　신임 호조 판서 채제공은 주변의 대신으로부터 오직 권이진
처럼만 하기를 바란다고 들었고, 호조의 나이 든 아전으로부터
는 권이진이 했던 호조 업무를 하게 되면 자신들이 힘들어질 것
이라는 말을 들은 것이다. 위로부터 아래에 이르기까지, 영조
초반 호조 판서를 역임한 권이진은 영조 말년에 들어서도 두고
두고 회자되었던 셈이다. 영조 연간 호조 판서 하면 누구나 권
이진을 생각했을 것이다.
　권이진이 호조 판서에 임명된 것은 1727년이었다. 경기감사
에 임명하였으나 나아가지 않자 대사간에 제수하고, 이후 호조
판서가 되었다. 권이진은 입대하는 자리에서 영조에게 "전하께
서 은총으로 신을 발탁하여 호조를 관장하는 일을 맡기시니 이
렇게 국고가 텅 비어 버린 때는 비록 관례대로의 수입이라도 실
로 마땅히 줄여야 하는데 관례가 아닌 수입이라면 죽더라도 감
히 받들어 행하지 못하겠습니다"라고 하면서 원칙을 강조했다.
그는 호조에 있으면서 영조가 명령을 하더라도 명목이 없는 수
입이 있으면 거부하여 받아들이지 않고, 들어가 아뢰며 조금도

완곡하게 둘러대지 않으니 주변 사람들이 영조의 눈치를 보며 두려워하였으나, 권이진은 흔들리지 않았다고 한다. 주변에서 호조 판서를 제수할 때에 "이 사람이 아니면 안된다"고 하기도 하였고, 영조는 하교하기를, "권이진을 호조 판서로 삼았으니 조정이 적합한 인재를 얻었다"고 까지 말하였다.

권이진의 묘지명은 실학자로 유명한 성호 이익이 지었다. 그는 묘지명 첫 구절에서 군자다움에 대해 말하였다. "성현이 사람을 논할 때에 평소의 행실을 보고 판단하니, 그가 반드시 그러한 것을 알기에 의심이 없다. 그가 하는 것을 보며 그가 왜 그렇게 하는지 이유를 살피며 편안히 여기는 바를 살펴본다면, 그 사람에 대해 알 수 있을 것이다"라고 하면서 그 대표적인 인물로 호조 판서 권이진을 들었다. 묘지명의 내용 중 상당 부분이 호조 재직 시절의 내용이다.

권이진은 호조 판서에 임명되자마자 가장 민감한 문제를 거론하였다. 바로 궁중의 경비 지출에 대한 부분이었다. "신은 외람되게 은총을 받아 발탁되었습니다. 국고가 탕갈한 날을 당하여 모든 궁중의 경비를 다 줄이는 것이 합당합니다. 만약에 규례에 없는 것이라면 신은 일절 막을 것입니다"라고 하자, 주변에서 놀라지 않을 수 없었다. 호조 판서 권이지는 영조의 면전에서 왕실 경비를 줄이겠다고 말한 것이다. 원래 왕실에게 바치는 공물은 호조에서 비용을 지급해 주고 있었다. 호조에서 가끔은 미리 주기도 했던 것이다. 권이진은 이를 모두 금지시키고 법에 의거하여 지급하겠다고 한 것이다. 권이진을 우참찬에 제수하고 나아가지 않자, 영조는 "권이진이 호조 판서로 있을 때는 원망을 산 일이 있었으나 조정에는 적임자라 할 만하다"라고 하면서 그가 호조 판서로서 했던 업무를 높이 평가하였다.

당시 권이진이 호조 판서로 유력했던 것은 아니었다. 영의정 이광좌는 권이진이 호조 판서로 임명된 이후 병조 판서 이태좌와 편지를 주고받으며 경하慶賀한 일이 있었다고 하였는데 바로 권이진의 호조 판서 제수였다. 이광좌는 사실 권이진의 이력이 많지 않았기에 호조 판서의 임명은 등급을 뛰어넘는 일이었다고 한다. 호조 판서에 권이진이 의망擬望된 것은 실로 일을 해낼 재능이 있었다는 이유였다. 심지어 그가 호조 판서에 말망末望에 올랐음에도 낙점落點이 된 것은 영조 또한 권이진의 재주를 보고 발탁한 것이었다.

권이진은 조금은 특이한 인물이다. 그의 모친은 노론의 영수였던 송시열의 딸이다. 그런데 정작 자신은 윤증의 문하에서 공부하였다. 묘지명에 따르면 명재 윤증은 권이진이 정밀하게 학문을 닦고 연구한다고 인정할 정도였다고 한다. 그를 호조 판서에 추천한 영의정 이광좌와 병조 판서 이태좌는 소론이었다.

그러나 권이진의 집안은 남인이었다. 시장을 쓴 채제공과 묘지명을 쓴 이익은 모두 남인의 대표 인물이다. 권이진의 학문과 행실은 노론이든, 소론이든, 남인이든 당파에 구애되지 않았고, 권이진의 호조 판서로서의 행적은 영조 연간 두고두고 회자되었다. 정조 또한 "호조 판서에 권이진 같은 사람을 얻어 구임久任시킬 수 있다면 행여 근심이 없을 것이다"라고 하였다.

박문수가 호조 판서가 된 것은 1748년(영조 24) 4월의 일이었다. 그러나 호조 판서로서 박문수의 관직 생활은 순탄하지 못했다. 대간臺諫에서 그를 가만히 두지 않았다. 그는 대의를 저버리고 대론大論을 주장한 훈재勳宰들을 비난하였다고 하여 배척을 받았다. 박문수는 당론을 비호하거나 유현儒賢을 업신여긴다는 말을 평소 자주 듣고 있었다. 그가 관직에 제수되면 대간의 공척攻斥은 늘 있는 일로 여겨진 정도였다.

그는 호조 판서에 있으면서 매우 강력하게 일을 추진하였다. 1748년(영조 24) 9월, 그가 대간의 배척으로 면직되고 다시 호조 판서에 제수되었을 때 사관은 "박문수가 탁지에 부임하여 강력하게 일을 해 나가면서 심력心力이 있게 헛된 비용을 절감했으므로 백성들에게 약간의 칭예稱譽를 얻었다. 근세에 권이진이 판조版曹에 있으면서 재화財貨를 잘 다스렸다는 것으로 최고의 칭예를 얻었는데, 박문수가 조금 그의 뒤를 잇기는 했으나 정민精敏하게 사무를 잘 아는 것은 권이진에게 미치지 못하였다"고 기록했는데, 본래의 의미는 권이진 정도는 아니지만, 그에 미치지 못할 정도는 아니라는 것이었다. 대중에게는 암행어사로 더욱 친숙한 박문수가 남긴 호조 판서로서의 업적은 무엇이었을까.

1748년(영조 24) 11월, 박문수는 호조 판서에 다시 제수되자 영조에게 호조의 준례準例가 없다는 말을 하였다. "호조에는 일정한 준례가 없어 판서가 사리를 환히 알지 못할 경우에는 비용費用이 절제가 없게 되니, 원컨대 품지稟旨(임금께 아뢰어서 받는 교지)하여 재작裁酌해서 정제定制를 만든 다음 이에 의거하여 행하게 한다면 중간에서 소실消失되는 폐단을 막을 수 있을 것입니다"라고 하였다. 다시 말해, 호조의 지출 규례를 만들겠다는 말이다. 박문수는 호조의 수입이 제도로 규정되어 있었음에도 지출에 대한 규례가 따로 존재하지 않았기에 호조 판서라고 하더라도 알지 못하는 비용 지출이 많았던 폐단을 없애고자 지출례를 만들어 보겠다는 의미였다.

박문수는 얼마 지나지 않아 궁궐에 바치는 온갖 물품에 대해서 호조에서 지난 각 연도의 지출 비용의 다소多少를 조목별로 기록하여 영조의 열람용으로 책자를 만들어 바쳤다. 이를 보니 과다하게 지출된 비용이 절반을 넘었던 것이다. 영조는 이를 보고 "부기簿記가 명백하여 나로 하여금 알기 쉽게 만들었다"라고 하였다. 그리고 영조는 박문수에 대하여 "내가 영성靈城이 아니었으면 이렇게 할 수 없었을 것이고, 영성도 나를 만나지 못하였다면 역시 이렇게 할 수 없었을 것이다"라고 칭찬하였다. 심지어 이를 옆에서 지켜보고 있던 승지 김상적金尙迪은 "재변災變을 만난 끝에 성상께서 절약하고 감손시키는 정사가 참으로 하늘의 뜻에 대응하는 실상을 얻었습니다. 박문수의 이번 일에 대하여 신의 생각으로는 그 공이 무신년에 역적을 토죄한 것보다 더 낫다고 여깁니다"라고 하여 박문수가 무신란을 토벌하는 데 참여한 것보다 호조 재정 지출을 아낀 것을 더 높이 평가할 정도였다.

이를 바탕으로 이듬해 1월, 영조는 박문수에게 호조의 경비 지출에 대한 제도 개정을 본격적으로 주문하였다. 이렇게 하여 만들어진 책이 바로 호조의 지출 규례인 『탁지정례』이다. 이를 두고 사관은 "이때에 평화로운 기간이 오래 계속되어 재부財部를 소모하고 좀먹는 것이 수없이 많이 나왔는데, 임금이 그중 교묘하게 속여 명목을 만들어 중간에 녹아 없어지는 것이 많음을 보고 친히 지워 없애 버리니 삭감한 것이 연간 거의 10만 냥이었다"라고 말할 정도였다.

그해 9월 『탁지정례』가 만들어지자, 이제는 국혼國婚의 지나

친 비용도 줄이겠다고 천명하였다. 박문수를 인견하는 자리에서 영조는 어필御筆로 '쓸데없는 비용을 삭감했다(剋減冗費)'라는 글자를 써서 그 글을 사각史閣에서 간직하라고 명할 정도로 가슴에 이 일을 새겼다. 영조는 신하들에게 사대부들의 혼인 절차에 대해 물어보면서 국혼에 들어가는 비용 문제를 지적하였다. 사신史臣은 실록에서 이 기사를 두고 "이러한 종류가 한 가지만이 아니었기 때문에 박문수가 청하여 정제를 만들었던 것이니, 진실로 그 직책을 잘 수행한 것이었다"라고 평가했다. 이렇게 해서 만들어진 책이 국혼 비용 지출 규례서인 『국혼정례』이다. 박문수는 여러 지출 규례를 정리하면서 재정 전문가로서의 면모를 유감없이 드러냈다.

정조의 호조 판서

정조의 즉위와 더불어 처음으로 호조 판서에 임명된 인물은 정홍순鄭弘淳이었다. 정홍순은 1769년(영조 45) 이미 호조 판서를 역임한 적이 있으며, 정조 즉위 직전에는 좌참찬으로 재직 중이었다. 1776년(정조 즉위) 4월, 정조는 정홍순에게 호조의 한 부서를 맡기면서 기필코 나라를 저 버리지 말고 '오일 경조五日京兆'가

되지 않도록 일마다 성의를 다하여 수행하도록 주문했다. '오일 경조'는 관원이 직임을 오래 맡지 못한다는 의미로 한나라 선제 때 경조윤을 지낸 장창이라는 인물이 탄핵을 받아 5일밖에 경조윤을 맡지 못한 고사였다. 영조 말 호조 판서의 잦은 교체로 호조의 업무가 제대로 수행되지 못한 걱정을 말하는 표현이었다.

이때 정홍순은 대가 끊어진 궁방에 대하여 다시 세금을 징수하도록 하여 정조의 허락을 받았다. 본래 궁방이 받은 토지에는 면세가 적용되었다. 그런데 대가 끊어질 경우 더 이상 토지를 소유할 수 없었다. 이 시기 온빈溫嬪, 안빈安嬪, 명선공주明善公主, 명혜공주明惠公主, 영빈寧嬪, 귀인貴人, 명빈㴋嬪, 소의昭儀, 장 귀인張貴人이 모두 대가 끊어진 상황이었다. 이에 호조에서는 면세 토지를 줄이고 수세 토지를 늘려 호조의 재정 수입을 늘리고자 한 것이다. 그리고 대가 끊긴 왕실에 대해서는 모두 수진궁에서 제사를 지내도록 하여 토지 소유의 명분을 거두어들인 것이다. 심지어 정홍순은 태종의 넷째 아들인 양녕대군과 다섯째 아들인 효령대군에 대해서도 같은 제도를 시행하여 더는 세금을 면해 주지 않도록 하였다.

이에 더하여 궁결과 궁방의 도장導掌에 대한 폐단을 제거하기 위하여 호조 판서 정홍순으로 하여금 이정당상釐正堂上으로 삼아 호조에서 문제를 해결하도록 하였다. 각 궁방에서는 지방에 산재한 토지에서 거두는 징세를 궁방에서 파견된 도장으로 하여금 거두도록 하였다. 그러나 이들이 중간에서 농간을 부리고 폐단을 일으키기 때문에 문제가 많았다. 이에 토지가 소재한 해당 고을에서 대신 거두어 호조에 납부하면 호조에서는 다시 이를 궁방에 분급하는 방식으로 전환하고자 했던 것이다. 1777년(정조 1) 1월에는 경상도에 절수된 궁방의 전결에 대해서 거짓으로 보고된 토지는 없애고, 양안에 기록되지 않은 토지에 대해서는 다시 조사하도록 하여, 궁방 토지에 대한 그의 의지를 보여주고 있다.

또한 지방에 산재한 동전과 곡물 장부에 대한 회계 보고 기한을 엄격하게 정하여 시행하도록 하였다. 본래 지방의 장부는 4분기로 나누어 중앙에 정리하여 보고하도록 되어 있었다. 그러나 법령이 해이해져 제대로 보고를 하지 못하고 있었다. 이에 경기는 다음 분기 맹삭孟朔을, 지방은 다음 분기 중삭仲朔을 기한으로 하여 기한을 넘길 경우에는 문초를 하도록 했다.

정홍순도 호조의 경상 비용 부족을 피할 수 없었다. 그는 "호조의 경상비가 부족합니다. 올해는 응당 별도로 논해야 하겠지만, 실로 조처할 바를 모르겠습니다"라고 하였다. 이에 좌의정 김상철은 '올해 호조의 사세를 생각하지 않을 수 없으니 관서 소미 2만 석, 별향목 100동, 동전 1만 냥을 획급하도록' 하였다. 정홍순도 호조의 재정 부족에 대한 다른 방법을 강구하지 못했다. 그리고 얼마 지나지 않아 호조의 경비는 다시 부족해졌다. 1776년 12월, 정홍순은 "호조의 경상비가 탕갈되었는데 새로 받을 기한이 아직 멀었으니, 반드시 특별 지원이 있어야만 지탱해 나갈 수 있을 것입니다"라고 하였다. 이에 좌의정 김상철은 평안도의 곡물을 연이어 가져다 쓰는 것은 걱정스럽지만 올해 호조의 형편이 매우 어려우니 평안도의 별향소미 1만 석과 세소미 1만 석을 호조에 지급해 주도록 하였다.

정홍순은 호조 판서로 오래 재직하지 못하였다. 그는 병이 있어서 자주 사직상소를 올렸다. 정조는 그의 체직을 허락하고 싶었으나 교체하지 못한 것은 후임자를 고르기가 쉽지 않았기 때문이다. 정조는 "호조 판서는 단지 자질과 국량이 있을 뿐만 아니라 이 직임을 맡은 것이 아직 1년도 못 되었으니 쉽게 체직할 수 없을 것 같다"라고 하였다. 정조는 차라리 정홍순의 병이 낫기를 기다리고 있었다. 그러나 더는 기다리지 못하였다. 정조는 "호조 판서는 내가 참으로 위임委任하던 사람인데, 근일의 빈대賓對에 병을 칭탁하는 일이 잦았다. 대신의 말을 듣자니 실제로 병이 있는 것이라고 해서 아까 해임을 허락할 것을 명하였으나, 그 후임을 물색하기가 어려워서 다만 그대로 두고 있었던 것이다. … 하지만 이러한 때에 몸조리하고 있는 사람에게 호조를 일임할 수는 없다. 호조 판서 정홍순을 지금 우선 체차하고, 오늘 정사에서 차출하라"라고 하였다. 결국 1777년 2월 체직되었다.

1777년 2월, 새 호조 판서로 홍낙순洪樂純이 임명되었다. 정조는 홍낙순에 대해 기대감을 가지고 있었다. 임명하자마자 소견하는 자리에서 정조는 "근년 이래로 나라의 경비가 계속 늘어나 재용이 점차 고갈되어 애당초 몇 년을 버틸 만한 저축이 없다고 하니, 매우 근심스러운 일이다. 이러한 때에는 반드시 나라를 걱정하고 다스릴 수 있는 인재를 얻은 뒤에야 함께 해결할 수가 있을 것인바, 이러한 때에 이와 같은 직임을 경 말고 누가 감당할 수 있겠는가"라고 말하며 그의 신임을 드러냈다. 홍낙순이 호조의 직무를 감당할 수 있다고 본 것이다.

홍낙순도 호조의 재정이 고갈되어 들어가는 경비를 손 쓸 마땅한 방법을 가지진 못하였다. 그는 관서의 소미 2만 석을 가져와 사용할 수 있도록 요청했다. 정조는 여기에 더하여 제사를 지낸 뒤에 행하는 상격賞格에 대해서도 전례를 보면 거의 무명 100동이 들어가는데 "호조 판서가 과연 이를 헤아리고 있는지 모르겠다"고 하면서 의구심을 드러냈다. 백관들의 제복祭服을 고치는 문제에 대해서도 호조가 재원을 마련해야 하는데 "호조의 경비는 장차 어떻게 구획한단 말인가"하면서 정조 스스로 이미 걱정을 내비쳤다. 이에 따라 "내가 호조 판서에 대하여 비록 그가 결코 나라를 저버리지 않으리라는 것을 알고 있기는 하지만, 그의 소장所長이나 능력에 대해서는 여전히 자세히 알지 못하고 있다"라고 하면서 호조 판서 홍낙순의 능력에 대한 의심을 드러내기도 했다. 홍낙순이 마련해야 하는 호조의 업무 재원이 한둘이 아니었기 때문이다. 당장 필요한 재원을 마련할 수 있는 능력이 있는지 알 수 없었다.

그러나 엎친 데 덮친 격으로 청나라의 사신이 조선에 들어올 예정이었다. 청나라 사신을 맞이하는 과정에서 막대한 재원이 지출되는데 그 대부분을 호조에서 마련해야 했다. 이 시기 청나라 사신은 서울에 대략 3일을 머물렀다. 정조가 "이번에 칙행勅行의 지공支供에 들어가는 비용이 얼마나 되겠는가?"라고 묻자, 홍낙순은 답답한 마음을 그대로 진술하였다. 그가 말하길, "수만 금이 들어갈 것 같습니다. 그리고 칙사의 행차가 이번에 이어서 또 온다고 하는데 경비를 변통할 도리가 없어 벌써부터 답답하고 고민스럽습니다"라고 하였다. 문제는 호조에서 비축해 두고 있던 재원이 하나도 남아 있지 않았다는 것이었다. 호조는 봉부동封不動이라고 하여 비상 사태를 대비하여 쓰지 못하고 창고에 비축해 놓은 재원이 있었으나 당시에는 이조차 남아 있지 않았던 것이다. 결국 정조는 "지금 시기가 이러하니 경은 더욱 마음 써야 할 것이다"라는 말만 남길 수밖에 없었다.

1777년 5월에는 화유옹주가 상을 당하였다. 화유옹주는 영조의 서녀 중 10녀였다. 호조 참판 황재의 아들 황인점이 화유옹주의 부마가 되어 1753년(영조 29) 궁을 떠났다. 그녀가 38세에 세상을 떠나자 정조는 "선조先朝의 옹주 가운데 궁중에 출입하던 사람은 오직 이 옹주뿐이었는데, 지금 죽음을 알리는 기별을 들으니 아픈 마음을 억누르기 어렵다"라고 하면서 매우 슬퍼하였다. 이때 호조에서 옹주의 장례 비용을 지급해 주었다. 대부분은 내수사에서 주관하지만 무덤을 만들고 제사에 들어가는 비용은 호조의 몫으로 동전 6천 냥이 지급되었다. 결국 이후 호조는 경비 부족을 호소하게 되었고 평안도의 좁쌀과 무명을 가져올 수 밖에 없었다.

당시 호조의 재정 부족에 대해서 호조 판서는 "영조 이후 세입이 지출을 초과하는데도 여전히 부족하다"고 걱정이었다. 이에 정조는 "유사有司가 직책을 제대로 수행하지 못했기 때문인가, 아니면 공물貢物이 번다한 탓인가"라고 물었다. 이에 호조 판서 홍낙순은 호조 과다 지출의 원인이 공물에 있다고 보았다. 즉, 공물 가운데 줄일 만한 것이 많다고 보았으나, 전임 호조 판서였던 이조 판서 정홍순은 갑자기 줄일 수 없다고 반대 의견을 제시하였다. 이는 호조의 과다 지출을 줄이는 것이 쉽지 않다는 것을 말해 준다.

1777년 6월, 4개월만에 호조 판서가 교체되었다. 홍낙순이 평안감사로 자리를 옮기자 이미 한 번 역임했던 정홍순이 다시 임명되었다. 정홍순에게 임명 직후 당면한 과제는 하궐下闕을 수리하는 데 들어가는 비용이었다. 그는 한번 수리하는 데 동전 4만 냥이 들어갈 것이리고 보았다. 이에 정조는 "만약 한 장의 종이나 한 토막의 나무라도 낭비하는 일이 있다면 각별히 논죄하겠다"고 하면서 호조의 불필요한 지출을 막도록 하였다.

정조의 하교에도 불구하고 문제는 발생하였다. 정조는 "이미 엄히 신칙하였더라도 혹 해이해졌으리라 생각하였는데, 과연 내 짐작이 틀리지 않았다"라고 자신하였다. 이러한 문제에 대해 "더구나 판서에 대해서는 내가 이런 폐단을 가지고 신경 쓰지 않았는데, 어찌하여 내 뜻에 부응하지 않는가"라고 하면서 호조 판서를 질책하였다. 결국 호조 판서 정홍순은 월봉삼등越俸三等의 처벌이 내려졌다.

이 시기 정홍순이 한 업무 중 눈에 띄는 것은 귀후서의 혁파이다. 1777년 9월, 그는 귀후서의 공물은 구재柩材 10부部로 한 해에 쌀 200석이 공물가로 지급이 되나 진배하는 것이 1-2부에 지나지 않아서 공물가만 지출된다고 하였다. 결국 귀후서를 혁파하여 공물가를 아끼는 것이 좋겠다는 의견을 제시한 것이다. 결국 귀후서는 임시로 혁파되었다.

또한 원과 묘의 위전位田 결수를 바로잡았다. 위전은 해당 기구의 운영 비용을 마련하기 위하여 지급된 토지였다. 본래 능, 원, 묘의 위전은 건원릉의 예에 따라서 80결을 정식으로 삼고 있었다. 이에 따라서 80결을 넘게 확보하고 있던 광릉, 명릉, 소령원, 의소묘의 위전 결수를 대폭 삭감시켰다. 이는 호조 판서 정홍순이 채제공과 함께했던 작업이었다.

1777년 10월, 다시 4개월만에 호조 판서가 교체되었다. 정홍순은 병조 판서로 자리를 옮겼고, 신임 호조 판서로 구윤옥이 임명되었다. 그는 1774년(영조 50) 4월 호조 판서에 임명되어 정조가 즉위하기 직전까지 약 2년간 호조 판서로 있었다. 그러므로 당시 호조의 업무를 가장 잘 알고 있던 인물이라고 할 수 있다.

구윤옥이 가장 먼저 걱정한 것은 호조의 경상 조세 수입이었다. 각 도에서 장계가 올라오면서 중앙에서는 조세 수입이 9만 석 이하가 될 것이라고 판단하였다. 이에 구윤옥은 호조의 경상 비용으로 충당되는 쌀이 부족할 것을 걱정하였다. 그래서 그는 "미리 계획을 세우지 않을 수 없으나 다른 곳에는 손댈 만한 곳이 없다"고 하면서 남한산성의 군향곡 1만 석을 한정하여 사용하도록 하였다. 호조의 경비 부족에 미리 대응한 것이다.

남한산성 군향곡으로 당해의 지출은 가능해졌으나 익년을 걱정할 필요가 있었다. 구윤옥은 "올해에는 세금을 거둔 것이 더욱더 줄었으니, 내년에 대한 대비책을 미리 계획해야 일에 부딪쳐 낭패를 당하는 걱정을 면할 수 있을 것입니다"라고 하였다. 이는 정조도 마찬가지였다. 익년에는 능묘陵墓를 만드는 데 물력이 매우 많이 들어갈 것을 걱정했다. 결국 호조의 재정 형편을 고려하여 구윤옥이 요청한 평안도 좁쌀 2만 석을 가져다 사용하였다. 그리고 구윤옥은 평안도뿐만 아니라 호남과 영남의 군작미 또한 가져다가 사용하기를 요청했다. 미리 익년에 필요한 호조 재원을 확보해 둔 셈이다.

1778년(정조 2) 3월 이후 호조의 경비 부족을 정조가 먼저 걱정했다. 연이어 도감을 설치해야 했기 때문이다. 정조는 "호조의 일이 참으로 근심스럽다"고 하였다. 이에 홍국영은 호조의 재정이 텅 빈 것은 그 폐단이 오래되어 갑자기 회복하기 어렵다고 부정적인 의견을 냈다. 결국 기대할 수 있는 것은 호조 판서의 능력이었다. "재물을 담당한 신하가 만약 힘을 다하여 수습하고 성심으로 맡아 지켜서 수입과 지출을 헤아렸다면, 비록 큰 역사를 치르더라도 창고에 쌓인 물품이 어찌 텅 비는 데까지 이르렀겠으며 경비가 부족함을 어찌 근심하겠는가. 이는 모두 재물을 담당하는 신하에 적임자를 등용하지 못해서이니, 참으로 탄식할 만한 것이다"라고 하면서 호조 판서가 잘 처리하기를 기대했다. 홍국영은 '비록 지금의 시대라도 재물을 담당하는 신하로 우리나라의 이명李溟'을 얻는다면 국고가 넘칠 것이라고 하였다.

구윤옥은 영조의 산릉도감과 혼전도감을 운영하면서 "이렇게 경비가 턱없이 부족한 때에는 최대한 절약해야 마땅하지만, 이것도 그만둘 수는 없는 것이어서 진실로 민망합니다"라고 하였으나 정조는 구윤옥의 주장대로 "마침 호조 판서가 입시하여서 주달한 바가 있었다마는, 이번에 도감의 제반 비용은 최대한 절약해야 할 것이다"라고 하여 절약을 강조했다. 심지어 정조는 호조의 재정을 걱정하여 정빈 묘소의 정자각 신축에서 사용할 재원을 예전에 쓰던 제청祭廳의 익랑翼廊을 철거하여 사용하도록 지시하기도 하였다.

하지만 구윤옥도 처벌을 피하진 못하였다. 1778년 4월, 선원전璿源殿과 수길원綏吉園의 역사를 위하여 막대한 재목이 필요한데 안면도의 목재를 벌목하여 싣고 오다가 배가 침몰한 것이다. 이를 호조 판서가 요청하였기 때문에 결국 구윤옥은 월봉삼등의 처벌을 받게 되었다.

호조의 재정 부족은 이미 구조적인 문제가 되어 있었다. 본래 정조 초반 호조의 세입은 10만 석에 불과한데, 매번 3-4만 석이 부족한 현상은 매우 일반적인 일이었다. 호조의 수입은 최대로 잡아야 11만 석에 불과하였다. 거기에다 조운선으로 운송하는 과정에서 침몰하는 등의 일로 수천 석이 바다에 빠지는 일도 매우 다반사였다. 1778년 윤6월 정조는 호조의 올해 봉입棒入이 얼마인지 묻자 구윤옥은 지금 당장 들어온 세곡은 8만 석에 불과하다고 하였다.

호조 판서의 고민은 실무 낭청이라고 하더라도 크게 다르지 않았다. 1778년 11월, 호조 정랑 김재진이 정조에게 소회를 말했다. 김재진은 호조의 경비 부족이 매우 실로 고민이라고 답하였다. 구제할 방도로 제시한 것은 별무別貿의 감축이었다. 본래 선혜청에서 공물가를 지급하는데 이외에 공물은 별무라는 이름으로 호조에서 지출하고 있었다. 그러므로 선혜청 원공물 중에서 필요하지 않은 수요를 바꾸면 저절로 감축될 것이라고 보았다. 호조의 별무는 1개월 동안 2만 냥이 지출되었기 때문이다.

1778년 12월, 호조 판서가 바뀌었다. 구윤옥은 공조 판서로 자리를 옮겼고, 신임 호조 판서는 예조 판서로 있던 김화진金華鎭이었다. 김화진이 처음에 한 일은 각도의 조운선이 지체되는 폐단을 신칙하는 일이었다. 1779년 1월, 조전사목漕轉事目을 반포한 가운데 각도와 각읍에서 이를 착실히 실행해야 하는데 매번 기한을 넘겨 보내는 일이 비일비재하므로 수령이 직접 나루터에 가서 검사하고 감봉 실감색監捧實監色으로 하여금 배를 통솔하게 하여 기한 내에 납부하도록 했다. 그래야 호조의 재정에 문제가 발생하지 않았다.

1779년 11월, 호조 판서 김화진은 호조의 경비가 평년이어도 매번 부족함을 걱정할 형편이기 때문에 다른 방법으로 보충해 줄 것을 요청했다. 각도에서 호조에 바쳐야 하는 동전은 9만 냥인데 앞으로의 지출에 부족한 실정이었다. 그래서 평안도 별비전 4-5만 냥과 세수미 1만 석을 요청했다. 그러나 영의정 서명선과 좌의정 홍낙순은 너무 많다 하여 별비전 3만 냥만을 허락해 주었다.

김화진이 호조 판서로 재직하면서 가장 큰 논란이 된 것은 양향청의 폐지 문제였다. 양향청은 훈련도감의 군수 비용을 보조해 주기 위하여 설치된 관청이었다. 그러나 호조의 관청과 훈련도감의 관청도 아니었기 때문에 운영에 혼란이 있었다. 1779년 12월, 선혜청 당상 정민시도 불필요한 비용이 매우 많아서 실로 지속하기 어려운 실정이라고 하였다. 그래서 양향청을 폐지하고 호조에 소속시켜 5,000냥을 훈련도감에 보내어 군비에 보충하자고 하였다. 그러나 호조 판서 김화진은 이를 반대했다. 양향청의 폐지를 요청한 것은 재용의 낭비를 없애려는 생각에서 나온 것이므로 호조에 속하게 된다면 오히려 부자연스럽기에 그대로 두는 것이 마땅하다고 보았다.

1780년(정조 4) 6월, 호조 판서 김화진이 파직되었다. 장보각의 영정을 이봉移奉하는 역사의 기일을 묻지 않았다 하여 체면을 보존할 수 없기 때문에 파직하라는 명이 있었다. 신임 호조 판서는 채제공이 맡았다. 채제공은 영조 후반 이미 호조 판서를 지낸 이력이 있다. 1770년(영조 46) 12월부터 1771년(영조 47) 10월까지, 1772년(영조 48) 12월부터 1773년(영조 49) 12월까지, 1776년(영조 52) 2월부터 3월까지 맡은 경력이 있다. 이번 호조 판서 임명은 4번째였다.

그러나 호조 판서 채제공은 부임한 지 얼마 안되어 대사간 조시위의 탄핵을 받았다. 그러나 채제공은 이미 보국숭록대부의 품계를 가진 중신重臣이었기 때문에 업무를 원활하게 수행할 수 없었다. 채제공이 고집을 부리면서 정사에 나오지 않자, 호조 판서의 자리를 그대로 비워둘 수 없었기에 채제공을 체차하고 다른 인물을 호조 판서로 임명해야만 했다. 결국 1780년 8월 전임 호조 판서 김화진을 다시 임명했다.

1779년은 평년에 비해 수확량이 늘었으므로 1780년의 세입은 넉넉할 수 있었다. 이 해에 거둔 세미는 11만 석에 이르렀다.

그러나 앞으로를 대비하지 않을 수 없었다. 1780년 10월, 호조 판서 김화진은 호조의 세입이 줄어드는 이유가 전결이 점차 줄어드는 데 있다고 판단했다. 그 원인을 살펴보니 각 지방에서 하천으로 변한 토지인 천번川反, 모래밭으로 변해 버린 포락浦落과 복사覆沙로 인하여 세금을 면제해 주기 때문이라고 보았다. 매년 수해가 발생하므로 이런 토지는 늘어날 수밖에 없었다. 그래서 김화진은 재해를 당한 해에만 세금을 면제해 주고 이듬해부터는 세금을 징수하도록 하였다.

1781년(정조 5) 8월, 호조 판서로 정민시鄭民始가 임명되었다. 정조는 정민시에 대한 기대감을 감추지 않았다. '호판戸判은 틀림없이 잘할 것이다'라고 하였다. 그러나 영의정 서명선은 불안감을 내비쳤다. '호판이 재부財賦에 대해서는 과연 어려워할 것입니다'라고 하였다. 그러나 정조는 정민시에 대한 다른 의도를 내비쳤다. '경을 어찌 재부 때문에만 등용한 것이겠는가'라고 하면서 재정 업무 이외의 다른 뜻이 있음을 암시했다.

정조는 호조 판서 정민시를 성정각에서 소견하였다. 그 자리에서 정조는 정민시에게 다음과 같이 말하였다.

"특별히 경에게 탁지度支의 직임을 제수한 것은 뜻이 있어서이다. 근일에 탁지의 재용財用이 점차 감소하여

1년의 경비經費에도 부족한 폐단이 있다고 한다. 경이 이미 이 직임을 맡은 만큼, 전곡을 내고 들일 때 기부記簿에 그대로 두거나 감하減下하는 일을 반드시 알맞게 헤아려서 하여 고갈되지 않게 해야 할 것이니, 이것이 경에게 바라는 바이다."

정조가 정민시에게 바라는 것은 지출을 감소시키는 일이었다. 정민시는 이에 대하여

"신은 재주와 학식 모두가 남만 못한데도 특별한 은총을 치우치게 입어 지위가 여기에 이르게 되었습니다. 그러므로 마음과 힘을 다 기울여 티끌만 한 보답이라도 바치려고 합니다만, 지금 이 탁지의 직임은 곧 한 나라의 재부財簿를 관장하는 곳이어서 그 책임이 가볍지 않고 막중하니, 신이 감당할 만한 것이 아닙니다. 게다가 신이 맡고 있는 선혜청 당상宣惠廳堂上과 수어사守禦使는 모두 국가의 중요한 직임이니, 어찌 한 사람이 겸대할 수 있는 것이겠습니까. 본직과 겸직 가운데 한 직임을 특별히 체차해 주소서."

라고 하였다. 정민시는 호조 판서 이전에 이미 선혜청 당상
과 수어사를 동시에 맡고 있었다. 그러므로 호조 판서의 일을
오롯이 주관할 수는 없었던 것이다.

호조 판서에 임명되었을 당시 정민시는 호조의 재정 상황에
대하여 간략하게만 파악하고 있던 상태였다.

> "신은 호조의 일에 대해서 아직 속사정이 어떤지 알지
> 못합니다. 듣기로는 올해의 경상 비용은 태반이 없어
> 져서, 한 해의 응입應入하는 전錢이 24만 냥兩인데 3월
> 에서 7월까지 용하用下한 것이 이미 15, 16만 금金이고,
> 중기重記에 남은 것이 불과 8만여 냥이라고 합니다. 신
> 의 생각으로는, 봄여름 이래로 조정에 별달리 쓴 비용
> 이 없었는데도 용하한 것이 이미 14, 15만 금에 이르렀
> 으니, 지금 8월부터 내년 3월까지 용하할 전이 또 이 숫
> 자보다 못하지 않을 것입니다. 그렇다면 이 남아 있는
> 8만 냥으로 앞으로 어떻게 써 나가겠습니까."

동전 수입이 24만 냥인데 이미 7월까지 15-16만 냥을 지출
하고 겨우 8만 냥만 남아 있는 상황이었다. 정조도 이러한 상황
에 대하여 그 원인을 인지하지 못하고 있었다. '금년에는 국용國

用에 응하應下한 것 외에는 원래 과도하게 쓴 것이 없는데도 쓴 것이 이처럼 많다고 하니, 무엇 때문에 그러한지 모르겠다' 하면서 큰 행사가 있지 않은 해임에도 불구하고 이처럼 많은 지출이 발생하는 원인을 알 수 없었다. 정조가 정민시에게 기대한 것이 바로 이 지점인 셈이다. 그러나 정민시도 아직은 그 원인을 정확하게 파악하지 못하고 있었다. 이에 대해 "신이 미처 문서를 보지 못했기 때문에 용하한 수효는 아직 모르겠습니다"라고 답했던 것은 상황을 이해하기 위해서는 호조 문서를 봐야 하는데 아직 다 보지 못했던 당시 그의 상황을 잘 보여 준다. 반면 정조는 경연 자리에서조차 '호판戶判은 반드시 잘해 나갈 것이기에, 나는 육조 가운데 호조 한 곳에 대해서는 지금 이미 염려하지 않고 있다'라고 하면서 기대감을 감추지 않았다.

그러나 정민시도 호조 판서 자리를 1년을 넘기지 못했다. 1781년 12월, 정민시는 이조 판서로 자리를 옮기고 후임 호조 판서로 이연상李衍祥이 임명되었다. 그러나 또다시 3개월 만인 1782년(정조 6) 2월, 이연상은 이조 판서로 자리를 옮겼고, 후임 호조 판서로 김화진이 다시 임명되었다. 당시 김화진은 평안감사로 재직하고 있었다.

1782년 10월, 신임 호조 판서로 김종수金鍾秀가 임명되었다. 정조는 김종수에 대하여 "탁지度支가 바쁘고 힘든 자리라는 것을 모르는 것은 아니지만 이판吏判, 병판兵判과는 조금 다르다. 더구나 중신重臣이 거주하는 곳은 30리 길도 못 되니 수시로 왕래하면서 호조의 일을 총괄하여 다스릴 수 있다"라고 하였다. 가까운 거리에 거주하면서 아직 나오지 않았던 것이다. 그러나 김종수를 소견하는 자리에서 정치적 풍파를 겪고 있는 것을 잘 알고 있었기에 호조 판서를 맡기에는 무리가 있었다.

김종수를 대신하여 호조 판서로 이성원李性源이 임명되었다. 1783년(정조 7) 3월, 이성원은 6개월을 채우지 못하였다. 후임 호조 판서는 서유린徐有隣이었다. 서유린이 호조와 관련을 맺은 것은 매우 늦다. 당하관인 호조 좌랑과 호조 정랑을 거치지 않았던 그가 호조의 관직을 제수받은 것은 1781년(정조 5) 3월, 호조 참판이 되면서부터였다. 이후 그는 호조 판서 정상순과 함께 입시하여 호조 업무와 관련된 논의에 참석하게 되었다.

그가 호조 판서의 재목으로 처음 거론된 것은 호조 참판에 임명된 지 6개월이 지난 1781년 9월이었다. 당시 호조 판서 정민시와의 대화 과정에서 정민시가 흉년으로 호조의 재원 부족을 염려하게 되자 정조는 호조 판서 권이진 같은 사람을 만나면 근심이 없을 것이라며 "서유린이 호판의 재목으로 합당하다"고 말했는데, 이는 내심 서유린을 호조 판서로 임명하고자 하는 의지를 내비친 것이다. 정민시도 이에 동의하였다.

1783년 3월, 호조 판서의 자리가 비자 의망擬望을 통해 서유 린이 호조 판서가 되었다. 서유린이 사직 상소를 올리자 정조는 "내가 인재를 얻었다고 여긴다"라고 말하며 그 요청을 허락하 지 않았다. 그리고 이전부터 예겸例兼하고 있던 선혜청 당상의 직임을 그대로 계승하였다. 그는 호조의 업무를 수행하기 이전 부터 이미 선혜청 업무를 담당하고 있었다.

그러나 서유린의 호조 판서 지임은 오래가지 않았다. 1783년 9월, 정조는 흉년의 정사에서 호조와 선혜청을 모두 관장하는 것은 형편상 서로 방해가 될 수 있다는 판단 아래 서유린이 맡 고 있던 호조 판서의 직임을 바꾸어 주었다. 정조가 보기에 서 유린은 아직 호조 판서보다는 선혜청 당상의 직책을 맡는 것이 더 중요하다고 본 셈이다. 그 이유는 이듬해에 확인된다.

1784년 2월, 서유린은 비변사 당상으로 소견하는 자리에서, 정조의 질문을 받았다. "호조가 작년에 지출한 비용이 전에 비 해 너무 증가하였다. 작년에 특별히 대단한 공역工役이 없었는 데 그 비용 지출이 거의 1777년(정조 1) 이후 가장 높다. 그 까닭 이 무엇이며, 경이 호조를 맡은 지 몇 개월인가?"라고 물었다. 정조는 호조 지출이 예년에 비해 지나치게 증가한 그 원인이 무 엇인지를 호조 판서 서유린에게 직접 물었다. 서유린은 "신이 호조를 맡은 건 7개월입니다. 작년에 쓴 것이 과연 방대하였으

니 황공스럽기 그지없습니다"라고 변명할 수밖에 없었다. 정조
는 더 이상 추궁하지 않았다. 정조는 서유린의 직무가 호조보다
는 선혜청이 더 적합하다고 본 것이다.

서유린이 다시 호조 판서에 임명된 것은 1787년 8월이었다.
그리고 이때까지 서유린은 선혜청 당상을 겸직하고 있었다. 서
유린은 정조에게 선혜청 당상 직임에 대한 사직을 요청했고 두
관직을 겸직하는 것은 무리가 있으므로 선혜청 당상의 직임에
대한 체차를 허락하였다.

그가 다시 호조 판서로 임명되면서 가장 먼저 한 일은 여러
도의 곡물과 전결에 대한 장계를 2건으로 나누어 정리하도록
한 일이다. 1787년 9월, 당시 각 도의 감사에게 장계를 올릴 때
곡물의 분급과 유치의 수량, 전결田結, 재실災實, 진휼 분급의 수
효, 수령 칠사 등에 대한 연말 보고를 조목별로 각각 나열하여
올리게 하였다. 다시 말해 그동안 열람하거나 출납하기에 불편
했던 내용을 2건으로 정리하여 성책으로 올리게 한 것인데, 이
중 하나는 입계入啓하고 다른 하나는 본사에 남겨 두도록 함으
로써 보고 체계를 간소화한 것이다.

사실 호조의 가장 큰 문제는 경상 비용이 제대로 확보되지
않다는 데 있었다. 서유린이 호조 판서가 되었을 때에도 마찬
가지였다. 그는 1787년 9월, 호조의 경상 비용의 일로 영의정

과 상의해 보니 '변통하지 않아서는 안 되는 현재의 긴급한 조건을 기록해 오면 강구할 것이다'라는 확답을 받았다. 정조는 이 사실을 이해하지 못하고 있었다. '나라가 있으면 반드시 재물이 있는 법인데, 호조의 경상 비용이 매번 이처럼 부족하게 되니 실로 이해할 수 없다'고 할 지경이었다. 이에 서유린은 내년 2월까지 호조의 경비 지출을 위해서는 쌀 15,000석과 동전 50,000냥이 필요한데 당장 확보할 방법이 없어서 매우 걱정할 수밖에 없었다.

1787년 11월, 정조는 내노비에 대하여 조사하도록 호조 판서 서유린에게 명하였다. 호조 판서 서유린을 비롯하여 선혜청 당상 이재간과 이문원, 유사 당상 이병모, 호조 정랑 정동교와 윤광심, 선혜청 낭청 김사의가 입시하였다. 호조 및 선혜청 실무 관원이 모두 참여한 자리였다. 정조는 노비안奴婢案과 면세전免稅田을 뽑아 올린 책을 살펴보았으나 이 책만으로는 모든 사실을 알 수 없었다.

매우 복잡한 노비안과 궁방 및 사찰의 면세전을 서유린에게 조사시킨 것은 그가 남들과는 다른 재주가 있었기 때문이다. 좌의정 이재협은 각 도의 감사가 계문하는 내용이 한결같지 않아서 수의收議하는 데 어려움이 있다고 지적했고 이에 정조는 여러 도에서 거행하는 데 갈팡질팡하는 문제를 제기하였다. 그러자 이재협은 호조 판서 서유린이야말로 일을 처리하는 데 정밀하고 긴요하다는 점을 강조하였다. 평소 서유린이 보고서를 올릴 때 매우 꼼꼼하고 치밀하다는 점을 가리킨 것이다.

순조의 호조 판서

순조 초반 호조 판서는 이재학李在學이었다. 당시 호조가 재원을 마련하는 방법은 군병의 정번전停番錢이었다. 금위영의 향군은 1년을 기한으로 정번하고 이들이 내는 요미料米와 보인전保人錢은 호조에 예속하도록 하였다. 당시 향군의 정번전은 화성을 축조하는 데 들어가는 비용으로 사용되면서 이후 정번을 통한 재정 수입 확보는 일반적인 방법이 되어 있었다.

그러나 비변사에서는 자교慈敎의 명에 따라서 호조의 문서를 조사한 결과 문제가 있다고 하여 이재학을 파직시키고자 했다. 이는 정조의 사망 이후 정순왕후와 벽파에 의한 정권이 들어서면서 나타난 결과였다. 이는 단지 호조 판서 이재학만의 일은 아니었다. 이재학은 대사헌으로 자리를 옮겼고, 신임 호조 판서는 김문순金文淳이 되었다. 그러나 정순왕후는 김문순이 마음에 들지 않았던 모양이다. 직접 김문순을 체직시키라고 명하였고 특지로 이서구李書九가 임명되었다. 정순왕후의 의중이었다.

이서구는 사직 상소를 올리며 자신이 호조 판서에 재주가 없다고 하였으나 순조는 비답을 통해 "구임해야 하는 직책이어서 자전慈殿께서 특별히 주신 것인데, 경이 어찌 사양할 수 있는 가"라고 하면서 그의 사직상소를 받아들이지 않았다. 이러한 빈응은 정순왕후 또한 마찬가지였다. 정순왕후는 하교를 통해 "이서구의 재능은 호조나 선혜청의 당상을 감당할 만하다는 유음遺音을 내가 지금도 생각하고 있기 때문에 지난번 호판의 자리가 비어 있을 적에 특별히 제수했던 것이다"라고 하면서 이서구의 호조 판서 임명은 자신의 의중임을 분명하게 드러내었다.

이서구의 재직 당시 여러 가지 일이 있었다. 가장 먼저 맞닥뜨린 문제는 공노비 혁파 문제였다. 공노비를 혁파하기 위해서는 급대 재원을 마련할 필요가 있었다. 호조 판서 이서구가 보기에 급대에 필요한 재원은 대략 8만 냥에 이르렀다. 그러나 그 중에서 호조가 담당해야 할 부분은 절반이 넘는 4만 8천 냥에 이르렀다. 실제로 노비공급대奴婢貢給代가 시행되면 호조는 책응하지 못할 가능성이 매우 컸다. 결국 이 문제는 장용영을 혁파하고 그 재원을 호조로 이전함으로써 노비공급대를 마련하는 것으로 해결되었다.

1802년 2월, 이서구가 이조 판서로 자리를 옮겼고, 호조 판
서에 조진관趙鎭寬이 임명되었다. 그러나 그는 비변사 도제조
및 도청都廳과의 사사로운 혐의 때문에 같은 해 9월 공조 판서로
자리를 옮겼고, 이서구가 다시 호조 판서가 되었다. 다시 임명
된 이서구는 이번에는 왕자와 옹주의 전결에 대한 문제를 제기
하였다. 『속대전』에 따르면 왕자와 옹주의 전결은 신궁新宮이면
800결, 구궁舊宮이면 200결로 한정하고 있었다. 그러나 전결이
점점 늘어나자 숙종 연간 일체 혁파하고 은자 4천 냥을 주어 전
토를 구입하도록 하였다. 그러나 정해진 수량을 초과하여 소유
하는 경우가 많기 때문에 『속대전』에서 정한 규례를 준수하도
록 요구했다.

1803년(순조 3) 2월, 조진관이 다시 호조 판서에 임명되었으
나 같은 해 8월 조진관은 병조 판서로 자리를 옮겼고 이서구가
다시 호조 판서가 되었다. 그러나 이경신이 이서구를 무함함으
로써 서로 인책하여 물러나자 이만수李晩秀가 그 자리를 이어받
게 되었다. 이 시기 중요한 문제는 숙선옹주淑善翁主의 길례였
다. 숙선옹주는 정조와 수빈 박씨의 차녀이자 순조의 여동생이
었다. 숙선옹주가 길례를 하면 옹주방에 800결을 지급해야 했
다. 이에 호조 판서 이만수는 법전 규정에 따라서 지급하고자

했다. 정순왕후는 800결을 모두 유토면세로 지급하고자 하였으나 이만수는 전례가 없다고 하면서 반대했다.

1804년 8월, 조진관이 다시 호조 판서에 제수되었다. 그에게 맡겨진 임무는 정전正殿의 영건營建이었다. 그러나 이 해는 흉년이었다. 결국 영건은 풍년이 들 때까지 정지되었다. 조진관은 원접사의 어첩함御帖函을 제대로 준비하지 못했다는 이유로 제대로 업무를 수행하지 못하고 파직되었으나 칙사를 맞이하는 일이 얼마 남지 않았다고 하여 특별히 서용되고 호조 판서에 다시 임명되었다. 그러나 칙사가 돌아가자 그는 어첩함의 문제가 다시 거론되어 결국 파직되었다.

1805년(순조 5) 윤6월 이면긍李勉兢이 호조 판서에 임명되었으나 얼마 안되어 김달순金達淳으로 교체되었다. 같은 해 12월 김달순이 우의정에 임명되자 결국 다시 조진관이 그 자리에 임명되었다. 하지만 조진관은 모친의 나이가 90세라는 이유로 체직이 허락되어 결국 김문순金文淳이 자리를 대신했다.

1806년(순조 6) 7월, 김문순이 이조 판서로 자리를 옮기자 박종보朴宗輔가 호조 판서로 발탁되었고, 같은 해 9월에는 서영보徐榮輔가 호조 판서로 임명되었다. 순조 연간 호조 판서로서의 역할로 볼 만한 인물은 서영보였다. 그는 여러 도에서 산재한 금의 생산지에 설점을 허락하고 수세할 것을 건의하였다. 금맥

이 조금 성하여 몰래 채취하는 곳이 많다고 지적하면서 이를 막기 위해서는 수령이 관리하여 설점을 허락하고 은점을 관리하는 규례에 따라서 호조에서 금점도 관리하자고 주장했다.

3

호조 판서를 고민하게
만든 문제들

대동법의 시행과 호조 판서의 자리

조선 후기 최대의 재정 개혁으로 꼽히는 대동법의 시행 과정에서 호조 판서의 역할은 매우 중요할 수밖에 없었다. 효종이 즉위하자마자 조정에서 가장 논란이 되었던 것은 호서대동법의 시행 여부였다. 대신급 관료들 중에서는 대동법에 반대하는 사람이 많았다. 그중에 한 사람으로 호조 판서 원두표가 있었다. 원두표는 당시 대표적인 대동법 반대론자였다.

당시 영의정은 김육, 좌의정은 이시백으로 이들은 모두 호서대동법을 시행하기를 주장하는 인물들이었다. 논의 끝에 대동법의 실시 지역을 전라도와 충청도에서 충청도로만 축소하여 시행하자는 쪽으로 의견이 모아졌다. 문제는 원두표였다. 대동법을 시행하게 되면 결국 호조 판서의 역할이 중요해질 수밖에 없었다. 당시 김육은 정치적으로 반대론자로부터 대동법을 보호하고 있었으나, 실무적인 일까지 담당할 수는 없었다.

원두표는 인조반정의 공신으로 당시까지 살아남은 공신 중 가장 영향력이 있는 사람이었다. 그러나 호서대동법의 실무적인 책임을 맡고 있던 이시방과는 사이가 좋지 못했다. 결국 김육으로서는 대동법 찬성론자인 이시방을 호조 판서로 임명하는 게 관건이었다. 효종 초반 왕위 계승과 관련하여 청나라에 사신을 파견하는 데 부사로 이시방을 보내자는 의견이 있었으나 김육은 이를 끝내 반대하였다. 이시방이 없으면 안 된다는 이유였다.

호서대동법을 실시하기로 결정되자 김육이 가장 먼저 한 일은 호조 판서 원두표를 내쫓고 이시방을 호조 판서에 앉히는 일이었다. 김육이 원두표를 비방하자 결국 원두표는 호조 판서직을 사임할 수밖에 없었다. 한편, 효종 초반에 잠시 호조 판서였던 이기조 또한 대동법에 반대하던 인물이었으나 함경감사에 임명되어 중앙에서 물러났다. 그리고 그 자리를 이시방이 차지했다. 그러나 호조 판서 자리는 얼마 지나지 않아 이시방에서 이후원으로 교체되었다. 원두표와 사돈 관계였던 대사간 이시

해가 이시방이 김자점과 돈독한 관계라고 하여 유배 보낼 것을 주장했기 때문이다. 원두표의 보복이었던 셈이다. 그러나 오래지 않아 이후원은 병으로 자리를 내 놓았고 이시방이 호조 판서에 다시 제수되었다.

호조 판서에 임명된 이시방은 호조를 통해 중앙 관청의 전체적인 문제를 바로잡고자 하였다. 호조의 내부 개혁을 주도한 것이다. 대동법을 운영하기 위해서는 양입위출量入爲出의 원칙을 지켜야 했다. 그래서 백성들은 이중 징수인 첩징疊徵과 추가 징수인 가징加徵을 피할 수 있었다.

양입위출을 지키려면 중앙과 지방의 각 관청이 이 원칙을 지킬 수 있는 조건을 갖추어야 했다. 그러나 대동법을 실시하기 전에는 이러한 조건을 갖추지 못하고 있었다. 중앙 아문에서 미집행 공물가 잔액을 가지고 있어야 하는데 실제로는 존재하지 않았다. 결국 호조에 보고하여 탕감을 요청하였으나 호조는 이를 인정하지 않았던 것이다. 결국 중앙 아문은 이를 공물주인에게 전가하고 있었다. 공물주인과 호조의 관계는 매우 불평등하였다. 따라서 공물주인은 호조가 부과하는 각종 부담을 거부할 수 없었다. 이 문제를 해결하기 위해서 호조 판서 이시방은 그 관행에 손을 대고자 한 것이다. 대동법은 선혜청에서 주관하고 있었으나 호조 판서의 손을 벗어날 수는 없었던 것이다.

청 사신의 접대와 호조의 대책

조선 정부는 청나라의 등장 이후 청 사신 접대에 많은 공을 들였다. 청나라가 산해관을 넘어 중원을 차지한 이후에는 청 사신의 왕래 횟수가 줄어들긴 하였으나 비정기적인 청 사신 접대에 들어가는 비용은 만만치 않았다. 은으로 환산하더라도 수만 냥이 지출되었다. 청 사신이 온다는 소식이 전해지면 조선 정부에서는 영접도감을 설치하고, 정부의 모든 기능을 청 사신을 접대하는 데 집중시켰다. 영접도감에서도 다수의 재원이 지출되었기 때문에 호조 판서가 제조로 참여하였다.

1725년(영조 1) 3월, 청나라로부터 조선으로 사신이 온다는 공문이 전해졌다. 영접도감 당상으로 참여하는 호조 판서 신사철이 매우 바빠졌다. 1717년(숙종 43) 사신으로 왔던 아극돈이 당시 접대에 대해 흡족해하지 않자 결국 은 4천 냥을 지급해 주어 그를 기쁘게 하였다. 이것이 규례가 되어 1718년(숙종 44)에 온 사신도 은을 요구하여 4천 냥을 지급해 주었고, 1722년(경종 2) 청 사신도 마찬가지였다. 호조 판서는 청의 사신이 이번에도 분명히 은화를 요구할 것인데, 이번에는 주지 말자고 하였다. 호조 재정의 비축분이 바닥이 났다는 이유였다. 영접도감 재원뿐만 아니라 청 사신에게 접대하기 위하여 주어야 하는 은화 또한 호조 판서가 마련해야 했던 것이다. 1735년(영조 11) 10월, 영접도감 당상으로 참여하고 있던 호조 판서 이정제는 경비가 바닥난 상태에서 칙사에게 지급하는 은 4천 냥을 마련하기 어렵다고 하자 영조는 "경은 호조로 걱정하고, 나는 나랏일로 걱정할 것이다"라고 말할 정도였다. 호조 판서는 청 사신 접대에 대한 정치적인 안정을 위해 재원을 마련해야 하지만, 호조의 재정 부

〈봉사도〉, 위키피디아에서 전재

중국에서 사신이 올 때, 왕이 직접 영은문까지 나가 사신을 맞이했다. 그림은 칙서를 전하기 위해 온 청의 사신을 맞이하는 숙종의 모습이다

족 문제도 걱정하지 않을 수 없었던 것이다.

국장 재원의 마련과 호조 판서의 역할

국왕과 왕후가 사망하면 3개의 도감이 설치되었다. 빈전도
감殯殿都監·국장도감國葬都監·산릉도감山陵都監이 그것이다. 빈전
도감은 빈전殯殿을 설치하고 운영을 주관하는 기관이었다. 국장
도감은 장례 행사를 주관하는 기관이었다. 산릉도감은 능침의
조성을 관장하는 기관이었다. 이들 도감에는 각각 업무를 담당
하는 총호사와 제조를 두었다. 이 중에서 국장도감의 제조에 호
조 판서가 당연직으로 예겸例兼하였다. 왜냐하면 국장도감에서
가장 많은 비용이 지출되었기 때문이다.

조선시대 재정의 대부분을 호조에서 관할하고 있었기 때문
에, 국장도감의 재원 역시 호조가 주관하고 있는 사안이었다.
국장도감의 재원 마련에서 출납까지의 과정은 국장도감을 예
겸하던 호조 판서의 주관 아래 이루어졌다. 국장도감이 설치되
고 필요한 재원은 호조에서 앞서 언급한 진휼청 등 각 아문에
재원을 지급받은 이후 호조가 직접 국장도감의 서리, 장인, 모
군 등에게 인건비를 지급해 주었다.

경종이 사망하고 영조가 즉위하자 호조 판서가 가장 먼저 해야 할 일은 국장 비용을 마련하는 것이었다. 호조 판서 조태억은 청대請對에서 호조의 경비 마련의 어려움을 호소했다. 그는 슬픔이 망극한 때에 호조의 재정 부족 문제를 언급한다는 것조차 미안해할 수밖에 없었다. 근래 호조의 경비가 매우 고갈된 상태이기 때문에 상사喪事를 만나면서 초상初喪의 시급한 물품을 마련하는 것이 쉽지 않다고 하였다. 이전 국휼國恤에서는 졸곡 전 5개월, 대상大祥 전 3년 안에 소요되는 각종 제수 용품과 세 도감에서 소요되는 물품을 모두 지방에 분정했다고 한다. 이로 인하여 폐단이 발생하자 1720년(경종 1) 숙종이 승하할 때에는 각 아문에서 돈을 빌려서 서울에서 물품을 사서 썼다고 한다. 그러기 위해서는 재원이 많이 비축되어 있어야 하는데, 호조에는 재원이 없었다. 결국 어영청과 금위영 동전 1만 냥을 각각 빌리고, 훈련도감에서는 은 5천 냥을 빌려서 물품을 마련해야 하는 형편이었다.

그러므로 국장도감을 예겸하고 있는 동안 호조 판서가 다른 일을 겸직하는 것이 매우 어려웠다. 1724년(영조 즉위) 11월, 호조 판서 오명항은 국장도감 제조를 예겸하고 있는 상황 속에서 수어사와 지의금 부사의 직임에 임명되었다. 그러나 아직 국장을 감독하고 있는 일이 한참 급했기 때문에 마음을 다하여 분주하게 직무를 수행하기에도 부족하였다. 그래서 오명항은 호조와 도감의 일을 맡아볼 수 있도록 수어사와 지의금 부사를 면직할 수 있도록 요청하였다.

호조와 평안감영의 줄다리기

평안도는 전세田稅와 수미收米를 모두 봉류捧留하도록 법전에 규정되어 있었다. 평안도에서 거둔 수세미는 모두 관향管餉으로 회록하여 평안도에 남겨 두었다. 그러므로 1년에 거두는 곡물의 수량은 많지 않았으나 차곡차곡 쌓여 갔다. 그래서 『만기요람』에서는 평안도를 바깥에 있는 호조라는 의미에서 '외탁지外度支'라고 불렀다. 호조에서는 관원을 파견하여 평안감영에 머무르며 곡물 장부를 관리하도록 했다. 이러한 설명은 『만기요람』을 작성한 19세기 초반의 경우를 말하는 것으로 처음부터 그러하지 않았다.

평안도의 곡물 중에서 호조가 처음 가져다가 사용한 것은 수미收米였다. 수미는 일종의 평안도에서 공가貢價로 거두는 세금으로 다른 지역의 일종의 대동법과 같은 것이었다. 호조는 전세 수입이 점점 줄어들자 1658년부터 평안도의 수미를 무명으로 바꾸어 가져다 사용했다. 이것으로도 부족하자 호조는 평안도의 전세도 가져다가 사용하기 시작했다. 1662년 호조 판서 정치화는 호조의 세곡 감소로 평안도 일부 지역의 전세와 수미를 요청하여 현종의 허락을 받았다.

그러나 국왕의 허락이 있다고 하더라도 호조에서 마음대로 가져다 사용할 수는 없었다. 평안도에 세금을 유치留置할 수 있었던 이유는 국방상의 이유였다. 압록강을 낀 변경지역이었기 때문에 중앙에서 거두고 다시 지방으로 보낼 필요 없이 자체적으로 사용할 수 있도록 조처했다. 그러나 평화 시에는 굳이 그럴 이유가 없었다. 병자호란 이후 정국이 안정화되면서 비축된 재원은 더 이상 국방을 이유로 지출되지 않았던 것이다. 호조는 이러한 평안도의 사정을 알고 있었다. 17세기 후반까지 평안도의 전세는 군량을 위한 것으로 호조에서 사용할 재원은 아니라는 인식이 있었다. 그러나 호조의 경비가 매번 부족했기 때문에 부득이하게 그 폐단을 막기 위하여 일시적으로 호조에 지급하는 것을 허락해 주었다.

이러한 인식의 연장에서 평안도의 전세를 체계적으로 관리해야 한다는 주장도 나오게 되었다. 평안도에서 수미 및 전세의 수입과 지출을 체계적으로 관리해야 한다는 방안이었다. 1700년 좌의정 이세백은 군량과 환곡을 구분하여 관리하고 산성에 보관처를 정하여 후일을 대비하자고 하였다. 그런데 이에 대하여 호조가 반발했다.

1706년 호조 판서 조태채는 호조의 경비 부족을 이유로 관서의 환곡을 요구하였고, 1708년 호조 판서 김우항은 심지어 평안도 전세를 군수軍需로 삼지 말도록 주장하기도 했다. 즉 호조에서 필요하면 취하여 쓸 수 있도록 요청한 셈이다. 1721년 호조 판서 민진원의 생각도 크게 다르지 않았다. 그는 관서의 관향管餉은 분호조分戶曹라고 이름되며 그 회계문서는 호조와 관계가 없지 않다고 주장했다. 즉 관향으로 등록된 전세는 모두 호조가 담당한다는 것이다.

그러한 호조와 평안감영의 갈등 속에서 평안감영은 전세와 수미 이외에 별도의 비용을 마련하기 시작했다. 이를 별비別備라고 불렀다. 1723년 7월, 평안감사 오명항은 평안도에서 거두는 전세는 모두 봉류捧留하여 대비해야 하는데 서울에서 작전作錢을 하는 사이 흉년에 방출할 곡물이 없다는 사실을 지적했다. 그래서 호조 판서 김연이 호조의 경비 부족을 이유로 발매發賣를 요구하였으나 평안감사 오명항은 호조의 요구를 들어주지 않았다.

평안감영에서 별비를 마련하고 있다는 사실이 중앙정부에 알려진 것은 1724년 윤4월경이었다. 호조에서 더 이상 동전을 마련할 길이 없는 상황에서, 평안감영에 동전 수십만 냥이 있다는 사실이 알려진 것이다. 호조는 평안감사가 비축해 놓은 것이 군수였기에 빌려 쓰는 것이 어렵다는 것을 알면서도 호조의 다급한 사정을 걱정해야 하니 별비 재원을 요구했다.

별비의 실상은 평안감사를 마치고 호조 판서로 돌아온 오명항에 의해 드러났다. 이제 오명항은 평안감사가 아닌 호조 판서로서 직책에 충실해야 했다. 1724년 10월, 호조 판서 오명항은 경종 국장 관련 경비를 마련하는 데 자신이 평안감사 시절 비축한 재원이 많다고 하면서 그것을 가져와 경비에 보태도록 하였다.

오명항의 뒤를 이어 평안감사가 된 이정제는 오명항이 모았다는 그 별비를 매우 구체적으로 설명했다. 그가 보니 오명항이 평안감사 시절 모아 둔 일명 별군향別軍餉은 평안감영의 재고 기록인 중기重記에 기재되지 않은 재원이었다. 그러므로 공식 세원이었던 세수미와 다르게 별다른 구애를 받을 필요가 없었다. 이 사실을 알게 된 영조는 호조에서 형편대로 가져다 쓰도록 했고, 평안감사는 앞으로 재원을 절용하여 별도로 비축하도록 지시했다.

이후 호조 판서 오명항은 평안감사가 그동안 모아 놓은 비밀들을 누설하기 시작했다. 자신이 재직하고 있을 때에는 미

4만 석, 은 1만 냥을 모았고, 홍석보가 평안감사로 있을 때에는 은 1만 냥, 동전 수만 냥, 쌀도 매우 많다고 말했다. 이에 비변사에서는 평안감영에 관문關文을 보내어 홍석보가 별도로 마련한 동전을 가져와 사용하도록 허락했다. 마침내 호조에서는 별비를 통해 재원을 확보할 수 있게 된 셈이다.

물론 부작용도 있었다. 호조가 아닌 다른 기관에서도 평안감영 재원을 가져다 사용할 수 있게 요청했다. 이에 영조는 "별비는 평안도를 위한 것이기 때문에 타도에서 가져간다면 평안도에서 따르겠는가"라고 거부할 정도였다.

평안감사도 가만히 있지 않았다. 1749년 1월, 호조 판서 박문수와 평안감사 조영국이 서로 대립하였다. 호조 판서 박문수가 전임 평안감사들이 동전과 무명을 각별히 절약하여 동전이 4만 냥, 무명이 1천 동에 이르니 가져와 사용하도록 요청하자 영조는 동전만 가져올 것을 허락했다. 그러나 평안감사 조영국이 반박했다. 그는 장부에 기록되기 전에 올려 보내는 것은 혹 사적으로 바치는 것과 같다고 하면서 반대했다.

사실 처음부터 평안감사와 호조 판서가 갈등을 벌인 것은 아니었다. 시작의 원인은 발매發賣에 있었다. 발매는 어떠한 물품을 내어 판다는 의미이다. 해당 관청에서 한 물목을 너무 오래 가지고 있거나 혹은 부족한 물품을 채워 넣기 위해서 발매를

했다. 발매의 목적은 원하는 물목의 수량을 빠른 시간 안에 확보하는 것이었다. 호조가 평안도에서 세수미를 가져온다고 했을 때, 실제로 세수미의 쌀을 가져온 것이 아니라 평안도에서 가져오기 쉬운 동전이나 무명으로 바꾸어서 가져왔다. 이때 호조는 평안도에서 발매를 했다.

평안도에서도 처음에는 세수미를 동전으로 바꾸어 상납했다가 정부가 발매를 금지시키기도 하였다. 그러다가 1722년 처음으로 평안도에서 발매를 방색防塞했다. 방색은 명령의 시행을 막았다는 의미다. 호조에서 관원이 파견되었는데 이를 방색한 것이다. 1727년 2월, 평안감사 윤유는 매우 강하게 방색했다. 내용은 다음과 같다.

> "세곡 발매는 변방의 군향을 중시하지 않는 것이다"
> "조정에서 경상 비용을 계속 대지 못하는 일이면 써도 되나, 진휼 자금을 모으는 일이면 명목이 달라 보내기 어렵다."

이에 대한 영조의 생각은 매우 회의적이었다. 영조조차 평안감사로 하여금 강제 이행을 하게 할 수는 없었던 것이다.

"평안감사 윤유가 쉽게 돈을 보내주겠는가?"

영조의 평안감사의 태도에 대한 부정적인 생각은 크게 다르지 않았다.

"윤유로 하여금 (호조 판서를) 담당하게 하더라도 필시 올려 보내지 않을 것이다."
"근래 관찰사가 힘이 있고, 조정에는 힘이 약하므로 누차 경고해도 결국 시행되지 않고 있다면 죄를 청하는 것이 가하지만 … 평안감사가 하는 일이 매우 잘못이다. 평안감사 송인명을 파직한 후에 재촉하여 운송해 보내는 것이 좋겠다."

중앙정부 결정에 대한 평안감사의 방색이 지속되자, 영조는 아예 호조 판서로 재직 중인 권이진을 곧바로 평안감사로 파견했다. 목적은 분명했다. 평안감영 재원을 보내라는 것이었다. 부임지로 떠나기 전에 신임 호조 판서와 상의하여 어찌해야 할지 논의하고, 평양에 부임하자마자 평안감영의 재원을 올려 보내라는 것이었다.

1733년 3월 13일 미시, 영조는 희정당에서 신임 평안감사 권이진을 인견하는 자리에서 신임 호조 판서 김재로를 함께 입시하도록 했다. 영조는 "그곳에 제수한 것은 뜻하는 바가 있어서이니, 각별히 유념하여 행하라"라고 하였다. 영조는 호조 판서 김재로를 보면서 "호조 판서는 무엇 때문에 입시하였는가"라고 하자. 김재로는 다음과 같이 말했다.

> "지부地部[호조]에 은화를 비축해 두는 것 또한 미리 준비하지 않을 수 없기 때문에 새로 제수된 감사와 방금 전에 상의하였더니, "호조의 형편은 평소에 이미 자세히 알고 있습니다만, 이것은 나라의 일인데 어찌 서로 도울 방법이 없겠습니까"라고 하였습니다. 호조의 은화가 이 지경이 된 것은 참으로 작은 근심이 아닙니다."

입시하기 전에 평안감사 권이진과 호조 판서 김재로는 이미 서로 합의를 한 사안이 있었다. 권이진이 평양에 도임하면 바로 호조에 재원을 보내겠다고 확답한 것이다. 그리고 이를 확인받기 위해 호조 판서 김재로가 입시한 것이다. 권이진의 언사도 단호했다.

> "호조 판서가 깊이 고민하는 것이 당연합니다. 듣건대

관서에서 거두는 목동木同이 제법 많다고 하는데, 진실로 나라의 비용에 보탤 수 있다면 어찌 목木을 아까워할 수 있겠습니까. ⋯ 그러나 신이 내려간 뒤에는 한 해에 들어오는 4, 5백 동 혹은 5, 6백 동을 변통하여 보내겠습니다. 하지만 은화로 바꾸는 것은 오직 호조에서 주관하기에 달려 있습니다."

영조도 마음에 들었던지 두 사람을 보고 다음과 같이 말했다.

"공급하는 것은 도신[평안감사]에게 달려 있고, 추진하는 것은 호조 판서에게 달려 있으니 서로 협조하는 것이 참으로 좋겠다. 이 문제에 대해서는 이미 도신과 상의하여 정하였으니, 그대로 하라."

영조는 평안감사와 호조 판서가 나라를 위한 재정 운영을 해 준다면 그것 이상으로 바라는 게 없었던 셈이다. 그리고 그 길로 권이진은 평양으로 떠났다. 사실 호조 판서의 발매 요구와 평안감사의 방색은 모두 그 이익을 어디에 둘 것인가에 있었다. 그리고 이를 통해 호조 판서는 경비 지출 문제를, 평안감사는 비축곡의 감소를 우려했다. 그러다 보니 권이진이 평양에 도착하여 평안감사로서의 직무를 시작한 후 서울로 평안감영의 곡물을 보내지 않았다.

1761년 2월에도 비슷한 사건이 있었다. 호조 판서 윤동도가 별비를 요구하고 평안감사 정휘량이 방색을 하자 행사직 홍봉한이 한마디 하고 나섰다.

> "신이 호조에 있을 때에도 부득이 청하지 않을 수 없었고, 평안감사가 호조에 있을 때에도 역시 청해 얻지 않을 수 없었으니, 호조의 형세를 감사가 어찌 모르겠습니까. 이번에 이처럼 방계한 것은 사실 처지가 바뀌면 그러한 것입니다."

이에 판돈녕 부사 홍상한은 결국 문제의 해결이 어디에 있는지를 다음과 같이 암시했다.

> "빌려 쓸 것인지 방색할 것인지의 여부는 결국 피차彼此 사세事勢의 완급緩急이 어떠한가를 보아 처리해야 한다."

위 말은 결국 당시의 시의時宜가 어떠한가를 판단하는가가 중요했지, 재원을 옮겨 오는 방식을 규례로 정한다고 그대로 시행될 수 있는 문제는 아니었던 것이다. 호조 판서는 호조의 책임자로서, 평안감사는 평안도의 책임자로서 자신의 위치에서 해야 할 일을 다 했을 뿐이다. 모든 문제 해결의 판단은 결국 국왕에게 있었다.

우리는 그동안 호조의 업무와 역할을 제도의 관점에서 이해하고 있었다. 호조는 부세 업무를 담당하면서 세금을 징수하고 관원들에게 녹봉을 지급하는 역할이 주된 업무라고 이해했다. 그러나 호조는 단순하게 세금을 징수하고 녹봉을 지급하는 일에 머무르지 않는다. 호조는 매우 복잡다단한 관청이었다. 그러므로 호조의 역할과 기능을 매우 세분화하여 이해할 필요가 있었다.

호조의 제도적 관점을 벗어나면 눈에 보이는 인물은 호조 판서였다. 호조의 업무를 총괄하면서 호조의 정책 방향을 결정하는 인물은 호조 판서였다. 그러므로 호조 판서는 경력이 있다고 하여 임명될 수 있는 자리가 아니었다. 호조 판서가 대간의 탄핵을 받는 주된 이유 중 하나는 재무 관리 능력이 없다는 것이었다. 파직된 인물이 다시 임명될 수밖에 없는 것도 호조 판서로서의 재목을 쉽게 구하지 못했기 때문이다.

왕대별로 눈에 띄는 호조 판서들이 확인된다. 본 글을 통해 앞으로 이들 호조 판서의 역할이 조선 정부의 살림살이를 어떻게 꾸려 나갔는가 확인할 필요가 있다. 17세기에는 호조 판서가 주된 역할을 담당하였으나 영조와 정조를 거치면서 호조 판서와 더불어 선혜청 당상이 주된 인물로 등장을 하는 것을 볼 수 있다. 특히 정조 시기 선혜청 당상을 지낸 서유린과 정민시가 그러하다. 그러므로 호조 판서를 이해하기 위해서는 선혜청 당상도 함께 살펴볼 필요가 있다.

호조 판서는 정기 업무 이외에 특정 제도의 시행과 불시에 나타나는 사건에 대비할 필요가 있었다. 기근에 필요한 진휼의 마련, 청나라 사신의 접대, 국왕과 왕비의 사망에 따른 국장도감 비용 마련 등이 그것이다. 이는 대부분 호조 판서가 재원을 조달해야 원활하게 운영될 수 있는 사안이었다.

주석

1 방(房)의 설치가 처음 확인되는 것은 인조 연간이다. 1627년(인조 5) 5월, 비변사에서는 "관별방의 설치는 근년(近年) 이래로 국가에 많은 일이 생겨 규정 외에 추가로 써야 될 재물이 매우 많아졌는데 각사에서 필요할 때마다 그때그때 마련할 수가 없기 때문에 해조가 별도로 계획을 짜서 유무에 따라 서로 바꾸고 서로 조정해서 마련하여 급할 때 쓸 수 있도록 하기 위한 것으로서 판적사로 하여금 관장하게 하고 명칭을 관별방이라고 하였으니, 그 유래가 이미 오래되었습니다"라고 하였다. 이를 보면 그 이전에 방이 설치된 것으로 생각된다(『승정원일기』 인조 5년 5월 10일).

참고문헌

『일성록』

『승정원일기』

『조선왕조실록』

나영훈, 「17세기 후반-18세기 國葬都監의 재원 조달과 규모」, 『대동문화연구』 91, 성균관대학교 대동문화연구원, 2015.

박범, 「조선후기 평안감영 재원의 성격과 물류의 추이」, 『한국문화』 94, 서울대학교 규장각한국학연구원, 2021.

오항녕, 「17세기 초반 秋浦 黃愼의 정책과 경세론」, 『조선시대사학보』 106, 조선시대사학회, 2023.

이정철, 『대동법, 조선 최고의 개혁』, 역사비평사, 2010.

임성수, 『朝鮮後期 戶曹의 財政運營 硏究: 加入・鑄錢을 중심으로』, 박사학위논문, 고려대학교, 2019a.

_____, 「癸卯・甲戌量田의 시행과 田稅 운영 변화」, 『진단학보』 132, 진단학회, 2019b.

최주희, 『조선후기 宣惠廳의 운영과 中央財政構造의 변화: 재정기구의 합설과 지출정비 과정을 중심으로』, 박사학위논문, 고려대학교, 2014.

_____, 「17세기 전반 호서대동법의 성립배경: 權盼(1564-1631)의 활동을 중심으로」, 『한국실학연구』 37, 한국실학학회, 2019.